古文观止

[清] 吴楚材 吴调侯 选编
王超 译

图书在版编目（CIP）数据

古文观止 /（清）吴楚材，（清）吴调侯选编；王超译 . -- 北京：北京联合出版公司，2015.7（2022.8 重印）
（中华国学经典精粹）
ISBN 978-7-5502-4338-5

Ⅰ . ①古… Ⅱ . ①吴… ②吴… ③王… Ⅲ . ①古典散文—散文集—中国 ②《古文观止》—通俗读物 Ⅳ . ① H194.1-49

中国版本图书馆 CIP 数据核字（2015）第 000039 号

古文观止

作　　者：吴楚材　吴调侯
责任编辑：王　巍
封面设计：颜　森

北京联合出版公司出版
（北京市西城区德外大街 83 号楼 9 层　100088）
北京华夏墨香文化传媒有限公司发行
三河市东兴印刷有限公司印刷　新华书店经销
字数 130 千字　880 毫米 ×1230 毫米　1/32　5 印张
2019 年 5 月第 3 版　2022 年 8 月第 11 次印刷
ISBN 978-7-5502-4338-5
定价：36.00 元

前言

《古文观止》是清代康熙年间吴楚材、吴调侯选编的一部历代散文总集。二吴都是浙江山阴人，以教授私塾弟子为生。他们编选此书的目的是“正蒙养而裨后学”，即作为私塾教育的读本。

“古文”一词出自唐代文人韩愈倡导的古文运动，是与六朝时期流行的“今文”即骈文相对的概念。古文运动主张恢复先秦两汉流行的质朴自由、以散行单句为主的文风，韩愈又提出“有道即有文”“文以载道”的思想，在中国文学史上产生了极大的影响。后来古文成为文言文的代称。《古文观止》虽然以“古文”为名号，但并不排斥骈文，一些精彩的骈文如《阿房宫赋》等也收录在文集中。“观止”一词典出《左传》的“季札观周乐”一节，吴国公子季札在鲁国观《韶箾》之后，赞叹道：“观止矣！若有他乐，吾不敢请已。”意指《韶箾》是音乐艺术的顶峰，欣赏过之后就不想去欣赏其他音乐了。

《古文观止》初刻于清康熙三十四年（1695），自问世以来，雅俗共赏，影响相当深远。该书按照从古到今的顺序排列，收录了自春秋战国到明末三千多年间的名作二百二十二篇，共计十二卷。

在选材上，《古文观止》的初衷是“杂选古文，原为初学设也”。因此在选编时，作者吴楚材、吴调侯“集古人之文，集古今人之选，而略者详之，繁者简之，散者合之，舛错者厘定之，差讹者校正之”，吸收并借鉴了古人的经验，从而避免了一些偏颇之误。

在体例上，《古文观止》所选古文以散文为主，兼收韵文、骈文。先秦时期选的最多的是《左传》中的文章，汉代选的最多的是《史记》中的文章，唐宋时代选的最多的是韩、柳、欧、苏的文章。照文体来看，该书选韵文十三篇，如《楚辞·卜居》、陶渊明的《归去来兮辞》、杜牧的《阿房宫赋》等，这些作品都是骈文中的精粹，有独具特色的声情之美；散文则或记人或记事，有议论有寓言，等等。该书选文丰富多彩，篇幅较短，语言精练，便于诵读，其中不少是传诵千古的名篇。

《古文观止》冲破了骈散之争的束缚，对于骈文没有刻意忽略。隋唐以后，受由韩愈领导的古文运动和欧阳修发起的诗文革新影响，骈文逐渐退出文坛主流。《古文观止》能脱出骈散相争的藩篱，对如王勃《滕王阁序》、刘禹锡《陋室铭》等脍炙人口的骈体文名篇加以选取，可谓广收博采，而又繁简适中。

在结构编排上，《古文观止》按时代先后分为七个时期，每个时期都有重点作家和作品。由此可以纵观古文发展的源流，也可以分析各个作家的不同风格。每篇文章都附有简要的评注，辅助读者理解文义，掌握行文的章法。加之入选的文章多属久经传诵的佳作，所以此书流行至今。

《古文观止》中还加入了二吴的注评，对于文章的品读体味颇有益处。由于体例的关系，本书没有将这些注评的原文照搬过来，而是将其融入了文章的题解和注释中。

为了适应当代读者的阅读习惯，我们对《古文观止》中的精华文章进行了选编，其中不当之处，敬请方家指正。

目录

郑伯克段于鄢

《左传》

【题解】

本文讲的是春秋早期郑国兄弟相争的故事。文章对于战争一笔带过，着重描写了武姜对共叔段的偏爱，点明这种偏爱导致共叔段野心慢慢膨胀。庄公对共叔段故意放任，直到共叔段准备发动叛逆的战争，庄公才发动大军迅速平定了叛乱。战争后，庄公被颍考叔的孝心感化，与武姜重归于好。

【原文】

初，郑武公娶于申，曰武姜，生庄公及共叔段。庄公寤生[①]，惊姜氏，故名曰寤生，遂恶之。爱共叔段，欲立之，亟请于武公，公弗许。及庄公即位，为之请制。公曰："制，岩邑也，虢叔死焉。他邑唯命。"请京，使居之，谓之京城大叔。

祭仲曰："都城过百雉[②]，国之害也。先王之制：大都不过参国之一，中五之一，小九之一。今京不度，非制也，君将不堪。"公曰："姜氏欲之，焉辟害？"对曰："姜氏何厌之有！不如早为之所，无使滋蔓，蔓难图也。蔓草犹不可除，况君之宠弟乎！"公曰："多行不义必自毙。子姑待之。"

既而大叔命西鄙、北鄙贰于己。公子吕[③]曰："国不堪贰，君将若之何？欲与大叔，臣请事之，若弗与，则请除之，无生民心。"公曰："无庸，将自及。"

大叔又收贰以为己邑，至于廪延。子封曰："可矣，厚将得众。”公曰：“不义不昵，厚将崩。”

大叔完聚，缮甲兵，具卒乘，将袭郑，夫人将启之。公闻其期，曰：“可矣！”命子封帅车二百乘以伐京。京叛大叔段。段入于鄢。公伐诸鄢。五月辛丑，大叔出奔共。

书曰：“郑伯克段于鄢。”段不弟，故不言“弟”。如二君，故曰“克”。称“郑伯”，讥失教也，谓之郑志。不言“出奔”，难之也。

遂置姜氏于城颍而誓之曰：“不及黄泉④，无相见也！”既而悔之。

颍考叔为颍谷封人，闻之，有献于公。公赐之食，食舍肉，公问之，对曰：“小人有母，皆尝小人之食矣，未尝君之羹，请以遗之。”公曰：“尔有母遗，繄我独无！”颍考叔曰：“敢问何谓也？”公语之故，且告之悔。对曰：“君何患焉！若阙地及泉，隧而相见，其谁曰不然？”公从之。公入而赋：“大隧之中，其乐也融融。”姜出而赋：“大隧之外，其乐也泄泄。”遂为母子如初。

君子曰：“颍考叔，纯孝也。爱其母，施及庄公。《诗》曰：‘孝子不匮，永锡尔类。’其是之谓乎！”

【注释】

①寤生：出生的时候脚先出来，难产的一种。寤，倒着。②雉：古建筑量法，长三丈，高一丈。③公子吕：字子封。④黄泉：一个意思是地下的泉水，一个意思是阴间。后文中，颍考叔巧妙地用一词多义的手法化解了僵局。

【译文】

最初，郑武公迎娶了申国的女子为妻，后来称她为武姜。武姜生下了庄公与共叔段。庄公出生的时候难产，惊吓到了武姜，于是武姜给他取名为“寤生”，并因此厌恶他。

武姜偏爱共叔段，想让武公立共叔段为太子，并多次向武公请求，武公都不答应。到了庄公成为郑国国君的时候，武姜就代替共叔段向庄公请求以制邑为封地。庄公说："制邑是个险要的城邑，之前虢叔就是死在那里的，若是要封给他其他的城邑，我都可以听从。"武姜就请求把京邑封给共叔段，庄公答应让共叔段居住在那里，所以称他为京城太叔。

郑大夫祭仲说："分封的城池，城墙如果超过三百丈长，就会变成国家的祸害。先王规定的制度是：国内最大的城池的城墙不能够超过国都的三分之一，中等的不能够超过它的五分之一，小的不能够超过它的九分之一。现在，京城城墙的长度不符合规定，不符合先王的制度，您恐怕会忍受不了。"庄公说："武姜想要这样，我如何才能避免这种祸患呢？"祭仲回答说："姜氏哪里会有满足的时候！不如趁早为他安排一个场所，不要让祸患滋生蔓延，如果祸患滋长蔓延以后就更难办了。蔓延开来的野草尚且很难清除干净，更何况是您那备受宠爱的弟弟呢？"庄公说："他不义的事情做多了，必定会自己走向灭亡，你姑且等着看吧。"

之后不久，共叔段把原来属于郑国西边和北边的边城，暗中纳入自己的掌控。公子吕说："一个国家不能承受两个国君的统治，您现在准备怎么办？如果您打算把郑国交给共叔段管理，那么我请求去侍奉他；如果不给他，那么就请消灭掉他，不要使百姓们产生二心。"庄公说："不需要管他，他自己将会遭到灾祸的。"

共叔段又把两个边城改为自己掌控的地方，一直延伸到廪延。公子吕说："可以出击了！如果土地变多了，他将会得到更多老百姓的拥护。"庄公说："对君王不忠义，得不到拥戴，土地就算再多，也终将崩溃。"

共叔段修葺城郭，聚集粮草，修缮盔甲兵器，准备好了士兵和战车，准备袭击郑国国都，武姜准备作为内应为共叔段开启城门。庄公知道了共叔段袭击的日期，说：“可以行动了！”于是命令公子吕率领二百辆战车，去攻打京城。京城的人民背叛了共叔段，于是共叔段逃到了鄢城。庄公又追到鄢城攻打他。五月二十三，共叔段往共邑逃去。

《春秋》记载的是：“郑伯克段于鄢。”共叔段不遵守做弟弟的本分去敬爱兄长，所以不称他为弟弟；兄弟二人如同两个国君一样打仗，所以用“克”字；把郑庄公称为“郑伯”，是挖苦他对弟弟缺少教化；赶走共叔段是郑庄公的意愿，所以不写共叔段自己出逃，隐含责难郑庄公逼走共叔段的意思。

之后庄公就把武姜放置在城颍，而且发誓说：“不到黄泉，就不要再见面！”这之后庄公又后悔了。

有个叫颍考叔的人，是镇守颍谷的官员，听到这件事以后，特意向郑庄公进献宝物。庄公赏赐他一起吃饭。颍考叔在吃饭的时候，特意把肉留着。庄公问他为什么要这样做。颍考叔答道：“我有母亲，我的东西她都吃过，只是从未吃过君王赏赐的肉羹，请让我带回去孝敬给她吃。”庄公说：“你有母亲可以孝敬，唯独我却没有！”颍考叔说：“敢问您为什么这么说？”郑庄公把原因告诉颍考叔，并且表达了自己后悔的心情。颍考叔回答说：“您有什么可担忧的？只要挖掘土地直到挖出泉水，在地道里见面，那谁敢说您违背了誓言呢？”庄公听从了他的话。庄公走进地道去拜见武姜，并赋诗道：“在地道里相见，多么快乐和谐啊！”武姜走出地道，赋诗道：“走到地道外面，多么快乐舒畅啊！”于是武姜和庄公恢复了母亲和儿子的关系，像从前一样。

君子说："颍考叔，是位纯正的孝子，他不但孝敬自己的母亲，而且还把这种孝心推广到郑庄公身上。《诗经》说：'孝子的孝没有穷尽，永远都能感化你的同类。'大概说的就是这种事情吧！"

【作者简介】

左丘明（前556—前451），相传为春秋末期鲁国的史学家。据说左丘明是一位盲人，与孔子同时代或在其前。左丘明知识渊博，品德高尚，孔子曾说："巧言、令色、足恭，左丘明耻之，丘亦耻之；匿怨而友其人，左丘明耻之，丘亦耻之。"

曹刿论战

《左传》

【题解】

本篇记叙了齐鲁长勺之战。长勺之战是中国战争史上以小敌大、以弱胜强的著名战例。文章通过描写曹刿在战前对民心所向的判断，在战时对士气的睿智分析，以及在战后追击时对敌情的判断，将曹刿的沉着与智慧活灵活现地展现了出来。

【原文】

十年春，齐师伐我，公将战，曹刿请见。其乡人曰："肉食者[①]谋之，又何间焉？"刿曰："肉食者鄙，未能远谋。"遂入见。问："何以战？"公曰："衣食所安，弗敢专也，必以分人。"对曰："小惠未遍，民弗从也。"公曰："牺牲[②]玉帛，弗敢加也，必以信。"对曰："小信未乎，神弗福也。”公曰：“小大之狱，虽不能察，必以情。”对曰：“忠之属也。可以一战。战，则请从。”

公与之乘，战于长勺。公将鼓之，刿曰：“未可。”齐人三鼓，刿曰：“可矣！”齐师败绩，公将驰之，刿曰：“未可。”下，视其辙，登，轼而望之，曰：“可矣。”遂逐齐师。

既克，公问其故，对曰：“夫战，勇气也。一鼓作气，再而衰，三而竭。彼竭我盈，故克之。夫大国，难测也，惧有伏焉，吾视其辙乱，望其旗靡，故逐之。”

【注释】

①肉食者：当权的人。②牺牲：牛羊等祭祀用品。

【译文】

鲁庄公十年的春季，齐国军队进攻我们鲁国。鲁庄公准备应战。曹刿请求觐见鲁庄公。曹刿的同乡说：“统治者肯定会谋划这件事，你又何必参与到这里面呢？”曹刿说：“统治者目光短浅，不能深远地谋划事情。”于是曹刿入朝拜见鲁庄公。曹刿问鲁庄公：“您凭借什么来打仗？”鲁庄公说：“衣食这类安于民生的东西，我不敢独自占有，一定把它们分享给其他人。”曹刿说：“这种小的恩惠不能遍及所有人，百姓是不会跟随您的。”鲁庄公说：“牛羊、玉器、丝织品等祭祀用品，我从来不敢夸大数目，一定对上天诚信。”曹刿说：“小信用不能取得上天的信任，神明是不会赐福于您的。”鲁庄公说：“无论案件大小，即使不能每一件都查明，我也一定会根据实情进行裁决。”曹刿回答说：“这才是尽了本职的一类事情，可以凭借这个去打一仗，如果作战请允许我跟从您一起去。”

作战那天，鲁庄公请曹刿和自己同坐一辆战车。鲁军和齐军在长勺作战。鲁庄公准备击鼓进军。曹刿说："还不行。"等到齐军击鼓三次之后。曹刿说："可以了。"齐国的军队战败。鲁庄公想要追击齐军。曹刿说："还不行。"说完他就下了战车去观察齐军车轮碾压出的痕迹，又登上战车，扶着车前横木眺望齐军军队，然后说："可以了。"于是追逐齐军。

打败齐军以后，鲁庄公询问他获胜的原因。曹刿回答说："所谓作战，凭借的是士气。第一次击鼓能够振奋士兵们的士气，第二次击鼓士兵们的士气就开始降低了，第三次击鼓士兵们的士气就衰竭了。敌军的士气已经衰竭而我军的士气正旺盛，所以就战胜了他们。齐国是大国，他们的情况难以预料，（追击时）害怕他们设有埋伏。后来我看到他们的车轮痕迹很混乱，望见他们的旗帜都倒下了，所以下令追逐他们。"

晋献公杀世子申生

《礼记》

【题解】

本篇以简练的语言讲述了春秋时期晋国的一场父杀子的惨剧。太子申生明明知道父亲听信了骊姬的谗言，却为了保全父亲的安逸，以自尽的方式成全孝道。文章通过申生简洁而真挚的心理表白，将他委婉曲折的孝心描写得淋漓尽致，感人至深。

【原文】

晋献公将杀其世子申生。公子重耳谓之曰："子盖[①]言子之志于公乎？”世子曰：“不可。君安骊姬，是我伤公之心也。”曰：“然则盖行乎？”世子曰：“不可。君谓我欲弑君也，天下岂有无父之国哉？吾何行如之？”

使人辞于狐突曰：“申生有罪，不念伯氏之言也，以至于死。申生不敢爱其死。虽然，吾君老矣，子少，国家多难。伯氏不出而图吾君，伯氏苟出而图吾君，申生受赐而死。”再拜稽首②乃卒。是以为恭世子也。

【注释】

①盖（hé）：通“盍”，何不。②稽首：指古代跪拜礼，跪下并拱手至地，头也及地。

【译文】

晋献公将要杀死他的太子申生，公子重耳对申生说：“你为何不向父亲说明你委屈的心声呢？”太子说：“不可以。君王要有骊姬才能安逸，我要是说出她对我的诬陷，那我就太伤君王的心了。”重耳又说：“既然如此，那你为什么不逃走呢？”太子说：“不可以。君王认定我要杀害他。天下难道会有没有父亲的国家吗？我又能逃到何处去呢？”

申生差人去向师父狐突告别说：“申生有罪，是因为没有听从您的教诲，以致不能免于一死。申生不敢吝惜生命，虽然是这样，但我的君父老了，他的爱子奚齐年纪还很小，国家灾难很多。您不出山为国君谋划政事（我很理解），但如果您肯出山为国君谋划政事，申生即使是死也蒙受您的恩惠。”于是申生跪拜叩头两次，然后就自杀了。因此将他的谥号定为“恭世子”。

【作者简介】

戴圣，生卒年不详，字次君，西汉官员、学者，汉代今文经学的开创者，世称“小戴”。《礼记》是戴圣对秦汉以前汉族礼仪著作加以辑录、编纂而成的。

有子之言似夫子

《礼记》

【题解】

本篇记叙的是孔门弟子对“丧欲速贫，死欲速朽”的理解。曾子只能做到照搬原话，不与具体事情相关联地片面阐释孔子的话，而有子却能根据孔子一贯的言行和品德，探明其真义，根据具体事实，结合老师说这句话的实际环境进行理解。有子的这种看待问题的精神，对现代人的为人处世而言仍有很好的借鉴意义。

【原文】

有子问于曾子曰：“问丧于夫子[①]乎？”曰：“闻之矣。‘丧欲速贫，死欲速朽’。”有子曰：“是非君子之言也。”曾子曰：“参也闻诸夫子也。”有子又曰：“是非君子之言也。”曾子曰：“参也与子游闻之。”有子曰：“然。然则夫子有为言之也。”

曾子以斯言告于子游。子游曰：“甚哉，有子之言似夫子也！昔者夫子居于宋，见桓司马自为石椁，三年而不成，夫子曰：‘若是其靡也，死不如速朽之愈也。’死之欲速朽，为桓司马言之也。南宫敬叔反[②]，必载宝而朝，夫子曰：‘若是其货也，丧不如速贫之愈也。’丧之欲速贫，为敬叔言之也。”

曾子以子游之言告于有子。有子曰：“然。吾固曰非夫子之言也。”曾子曰：“子何以知之？”有子曰：“夫子制于中都，四寸之棺，五寸之椁，以斯知不欲速朽也。昔者夫子失鲁司寇，将之荆，盖先之以子夏，又申之以冉有，以斯知不欲速贫也。”

【注释】

①夫子：指孔子。②南宫敬叔反：南宫敬叔原来因失去官职离开了鲁国，后又返回。反，通“返”。

【译文】

有子向曾子问道：“在先生那里听说过关于失去官职方面的事情吗？”曾子说：“听他说过，说的是：‘希望丢官后迅速贫穷，希望死了后迅速腐烂。’”有子说：“这不是君子说的话。”曾子说：“我确实是从先生那听来的。”有子又说：“这不是君子说的话。”曾子说：“我是和子游一起听见先生说这句话的。”有子说：“好吧。但先生肯定是有原因才这样说的。”

曾子将这些话告诉子游。子游说：“太像了，有子的话很像先生啊！从前，先生在宋国居住的时候，看见桓司马自己为自己做石椁，花了三年时间还没有完成。先生就说：‘像他这样奢侈的人，死后还是快点腐烂的好啊。’希望人死了以后快速腐烂，是针对桓司马而说的话啊。南宫敬叔复职回国，必定带上宝物拜见国王。先生说：‘像他这样对待钱财的，不如丢掉官职以后迅速贫穷的好啊。’希望人丢掉官职以后迅速贫穷，这是针对敬叔说的话啊。”

曾子把子游说的话告诉给有子。有子说：“是啊。我就说了这不是先生说的话嘛。”曾子说：“您是怎么知道的呢？”有子说：“先生给中都宰制定的礼法是：棺材厚四寸，椁厚五寸。凭借这个我知道先生不希望人死了以后迅速腐烂。过去先生失去鲁国司寇的官职时，准备前往楚国，就先让子夏去打探，又让冉有去说明自己的想法。依据这件事我知道先生不希望人失去官职后迅速贫穷。”

邹忌讽齐王纳谏

《战国策》

【题解】

本篇讲述了战国时期齐国谋士邹忌以讽劝的方式，说服齐王接受建议的故事。邹忌并没有直言君王之过，而是另辟蹊径，生动形象地讲述了一段自我的经历，将国家大事同个人小事巧妙地联系了起来，最终促使齐王自己去寻找答案，改正错误。劝谏他人改正错误，原本是一件好事，但若说话方式不够委婉，很容易招致对方的反感和厌恶。邹忌这种讽劝的智慧，值得我们仔细品味。

【原文】

邹忌修①八尺有余，而形貌昳丽。朝服衣冠，窥镜，谓其妻曰：“我孰与城北徐公美？”其妻曰：“君美甚，徐公何能及君也！”城北徐公，齐国之美丽者也。忌不自信，而复问其妾曰：“吾孰与徐公美？”妾曰：“徐公何能及君也！”旦日，客从外来，与坐谈，问之：“吾与徐公孰美？”客曰：“徐公不若君之美也！”明日，徐公来，孰视之，自以为不如，窥镜而自视，又弗如远甚。暮，寝②而思之，曰：“吾妻之美我者，私我也，妾之美我者，畏我也，客之美我者，欲有求于我也。”

于是入朝见威王曰：“臣诚知不如徐公美，臣之妻私臣，臣之妾畏臣，臣之客欲有求于臣，皆以美于徐公。今齐地方千里，百二十城，宫妇左右莫不私王，朝廷之臣莫不畏王，四境之内莫不有求于王。由此观之，王之蔽甚矣！”

王曰：“善。”乃下令：“群臣吏民能面刺寡人之过者，受上赏；上书谏寡人者，受中赏；能谤讥于市朝，闻寡人之耳者，受下赏。”令初下，群臣进谏，门庭若市；数月之后，时时而间进；期年之后，虽欲言，无可进者。燕、赵、韩、魏闻之，皆朝于齐，此所谓战胜于朝廷。

【注释】

①修：长，这里指身高。②寝：躺着。

【译文】

邹忌身高八尺还多，而且形容相貌光艳美丽。有一天早晨他穿好衣服戴好帽子，观察着镜子里的自己，问妻子说：“我相比于城北的徐公，谁更美丽呢？”他的妻子说：“您美丽极了，徐公哪里能比得上您呢！”城北的徐公，是齐国最美丽的男子。邹忌不相信自己会比徐公还美丽，于是又问他的妾说：“我相比于徐公，谁更美丽？”妾说：“徐公哪里能比得上您呢？”第二天，有客人从外面前来拜访邹忌，邹忌和他坐着谈话。邹忌问客人说：“我相比于徐公，谁更美丽？”客人说：“徐公比不上您的美丽啊。”又过了一天，徐公前来邹忌家中拜访，邹忌仔细地观察他，觉得自己不如他美丽；再照着镜子看镜子里的自己，更觉得自己远远比不上徐公。傍晚，他躺着休息的时候想这件事，说：“我的妻子说我美，是偏爱我；我的妾说我美，是害怕我；客人说我美，是有事情想要向我求助。”

于是邹忌上朝觐见齐威王，说：“我确实知道自己没有徐公美丽。可是我的妻子偏爱我，我的妾害怕我，我的客人有事情想要向我求助，因而他们都说我比徐公美丽。现在的齐国，国土方圆千里，有一百二十座城池，宫中的姬妾和在旁伺候的人，没有不偏爱大王的；朝廷里的大臣，没有不害怕大王的；国内的百姓，没有不想向大王求助的。由此看来，大王您被蒙蔽得一定很厉害了。”

齐威王说：“很好。”于是下达命令：“所有的大臣、官吏、百姓，能够当面批评指责我过错的人，获得上等奖赏；能够上书劝谏我的人，获得中等奖赏；能够在公共场所指责、议论我的过失，并能传到我的耳朵里让我听见的，获得下等奖赏。”

命令刚一下达，众多大臣都来进谏，宫门庭院中人多得就像市场一样。几个月以后，偶尔还有会人进谏。一年以后，即使想要进言，也实在没有什么可说的了。燕、赵、韩、魏等国听说这件事以后，都到齐国来朝见齐威王。这就是人们所说的在朝廷上战胜了其他国家。

【作者简介】

刘向（约前77—前6），字子政，西汉史学家、文学家，是《战国策》著作群体的代表。《战国策》是记载战国历史的一部重要著作，长于铺叙，善于以曲折的故事情节，紧凑生动地将历史事件表现出来。

冯煖客孟尝君

《战国策》

【题解】

战国时期各国盛行养士之风，最著名的养士者就是有

“战国四公子”之称的孟尝君、平原君、信陵君和春申君。四位公子都招揽门客数千人，平时供养他们，到了关键时刻，则让他们为自己出谋出力。

本篇讲述的就是齐国孟尝君的食客冯煖（又作“冯谖”或“冯驩”）的故事。冯煖受到孟尝君的恩惠。他虽然贫贱，却有非凡的智慧。当孟尝君因为属地债务问题焦头烂额，因为盛名而遭到猜忌时，冯煖为孟尝君奔走效劳，使孟尝君既保持了美名，又得到了实际利益。

【原文】

齐人有冯煖者，贫乏不能自存，使人属[①]孟尝君，愿寄食门下。孟尝君曰：“客何好？”曰：“客无好也。”曰：“客何能？”曰：“客无能也。”孟尝君笑而受之曰：“诺。”

左右以君贱之也，食以草具[②]。居有顷，倚柱弹其剑，歌曰：“长铗归来乎！食无鱼。”左右以告。孟尝君曰：“食之，比门下之客。”居有顷，复弹其铗，歌曰：“长铗归来乎！出无车。”左右皆笑之，以告。孟尝君曰：“为之驾，比门下之车客。”于是乘其车，揭其剑，过其友曰：“孟尝君客我。”后有顷，复弹其剑铗，歌曰：“长铗归来乎！无以为家。”左右皆恶之，以为贪而不知足。孟尝君问：“冯公有亲乎？”对曰，“有老母。”孟尝君使人给其食用，无使乏。于是冯煖不复歌。

后孟尝君出记，问门下诸客：“谁习计会[③]，能为文收责[④]于薛者乎？”冯煖署曰：“能。”孟尝君怪之，曰：“此谁也？”左右曰：“乃歌夫‘长铗归来’者也。”孟尝君笑曰：“客果有能也，吾负之，未尝见也。”请而见之，谢曰：“文倦于是，愦于忧，而性懦[⑤]愚，沉于国家之事，开罪于先生。先生不羞[6]，乃有意欲为收责于薛乎？”冯煖曰：“愿之。”于是约车治装，载券契而行，辞曰：“责毕收，以何市而反？”孟尝君曰：“视吾家所寡有者。”

驱而之薛，使吏召诸民当偿者，悉来合券。券遍合赴，矫命以责赐诸民，因烧其券。民称万岁。

长驱到齐，晨而求见。孟尝君怪其疾也，衣冠而见之，曰：“责毕收乎？来何疾也！”曰：“收毕矣。”“以何市而反？”冯煖曰：“君云‘视吾家所寡有者’。臣窃计，君宫中积珍宝，狗马实外厩，美人充下陈。君家所寡有者以义耳！窃以为君市义。”孟尝君曰：“市义奈何？”曰：“今君有区区之薛，不拊爱子其民，因而贾利之。臣窃矫君命，以责赐诸民，因烧其券，民称万岁。乃臣所以为君市义也。”孟尝君不悦，曰：“诺，先生休矣！”

后期年，齐王谓孟尝君曰：“寡人不敢以先王之臣为臣。”孟尝君就国于薛，未至百里，民扶老携幼，迎君道中，终日。孟尝君顾谓冯煖：“先生所为文市义者，乃今日见之。”

冯煖曰：“狡兔有三窟，仅得免其死耳。今君有一窟，未得高枕而卧也，请为君复凿二窟。”孟尝君予车五十乘，金五百斤，西游于梁[7]，谓梁王曰：“齐放其大臣孟尝君于诸侯，先迎之者，富而兵强。”于是梁王虚上位，以故相为上将军，遣使者，黄金千斤，车百乘，往聘孟尝君。冯煖先驱诫孟尝君曰：“千金，重币也；百乘，显使也。齐其闻之矣。”梁使三反，孟尝君固辞不往也。

齐王闻之，君臣恐惧，遣太傅赍黄金千斤，文车二驷，服剑一，封书谢孟尝君曰：“寡人不祥，被于宗庙之祟，沉于谄谀之臣，开罪于君，寡人不足为也；愿君顾先王之宗庙，姑反国统万人乎！”冯谖诫孟尝君曰：“愿请先王之祭器，立宗庙于薛。”庙成，还报孟尝君曰：“三窟已就，君姑高枕为乐矣。”

孟尝君为相数十年，无纤介之祸者，冯谖之计也。

【注释】

①属：致意，请托。②草具：按照孟尝君的待客惯例，门客按能力分为三等：上等（车客）出有车；中等（门下之客）食有鱼；下等（草具之客）食无鱼。③计会：今指会计。④收责：收债。责，通“债”。⑤懧（nuò）：怯弱。⑥羞：认为……是羞辱。⑦梁：魏国首都是大梁，所以也称梁。

【译文】

齐国有个叫冯谖的人，因为贫穷而养活不了自己，便找人代他去请求孟尝君，说他愿意当孟尝君家里的食客。孟尝君问：“客人有什么擅长的？”回答说：“他没有什么擅长的。”又问：“客人有什么才能？”回答说：“他也没有什么才能。”孟尝君还是笑着接受了他，说：“好吧。”

孟尝君的随从以为孟尝君瞧不起冯谖，就给他吃低等的饭菜。住了不久，冯谖就倚靠着柱子弹着他的佩剑，唱道：“长剑啊，我们回去吧！没有鱼吃啊。”随从把这件事告诉孟尝君，孟尝君说：“让他吃鱼，按照普通门客的标准对待他。”过了些日子，冯谖又弹着他的佩剑，唱道：“长剑啊，我们回去吧！出门没有车。”周围的人都取笑他，并把这件事告诉给孟尝君。孟尝君说：“为他备车，按照门下坐车客人的标准对待他。”于是冯谖乘着他的车，高举着他的剑，前去拜访他的朋友，说道：“孟尝君把我当作他的门客了。”在这之后不久，冯谖又弹着他的剑，唱道：“长剑啊，我们回到原来的地方去吧！没有办法养家！”周围的人都厌恶他，认为他贪婪而且不知道满足。孟尝君问道："冯先生有亲人吗？"回答说："有老母亲。"孟尝君派人给冯煖的母亲提供吃的用的，让她不感到缺乏什么。于是冯煖就不再唱歌了。

后来孟尝君出示账簿，询问家里的众多食客："谁会做会计工作，能代我到薛地去收债吗？"冯煖签上名，道："我能。"孟尝君觉得惊奇，问："这签名的是谁啊？"左右的人说："就是那个唱'长剑啊，回到原来的地方去吧'的人。"孟尝君笑着说："他果然有才能啊，我对不起他，以前都没有接见过他。"孟尝君便特意把冯煖请来相见，向他道歉说："我被一些事情搞得很疲惫，被忧虑搞得心烦意乱，生性又愚钝，陷在国事家事之中脱不了身，以至于怠慢得罪了您，但您并不认为这是我对您的羞辱，还愿意代我到薛地去收债吗？"冯煖说："我愿意做这件事。"冯煖于是套好马车，收拾好行装，载着借契票据出发了。辞行的时候，冯煖问："债款收完了，需要用它买些什么回来？"孟尝君说："您看我家里还缺少些什么（就买些什么吧）。"

冯煖赶着车到了薛地，派官吏把应该还债的百姓都召集过来核对契据。契据全部核对完以后，冯煖站起身来，假托孟尝君的命令，把债款赐给百姓，并烧毁了那些契据。百姓们都高呼万岁。

冯煖迅速地驱车赶回齐国都城，早晨就请求拜见孟尝君。孟尝君对他办事这么迅速感到惊奇，于是穿戴整齐来接见他，问："债款收完了吗？怎么回来得这么快啊？"答："收完了。"问："用它买了什么回来？"冯煖说："您说'看我家所缺少的'，我私下考虑，您宫里贮满了珍贵的宝物，猎狗和骏马占满了牲口棚，美女站满了堂下，您家所缺少的只是‘仁义’罢了。我擅自用债款给您买了仁义。”孟尝君问：“买‘仁义’是怎么回事？”冯煖回答说：“现在您的封地只有个小小的薛地，但您不但不爱抚那里的百姓，把他们看成自己的子女，反而乘机用商人的办法从人民身上获取利益。于是我擅自假托您的命令，把债款赏赐给了老百姓，并烧了那些契据，百姓们高呼万岁，这就是我给您买仁义的情况。”孟尝君听了以后很不高兴，说：“好了，先生算了吧！”

过了一年，齐王对孟尝君说：“我不敢把先王的臣子作为我的臣子。”孟尝君便到他的封地薛地去。离那里还差百里时，薛地的百姓就扶老携幼，在道路旁迎接他。孟尝君看着冯煖说：“先生您给我买的仁义，我今天才算是看到了。”

冯煖说：“狡猾的兔子要有三个洞窟，才能够避免死亡。现在您仅仅有一个洞窟，还不能垫高枕头睡觉而什么都不担忧啊。请让我替您再挖掘两个洞窟。”孟尝君就给了冯煖五十辆车、五百斤黄金。冯煖往西到了大梁。冯煖对魏王说：“齐国放逐大臣孟尝君到诸侯国去，哪位诸侯先迎接他，就会使自己国家富庶、士兵强大。”于是魏王把原来的相国任命为上将军，把相位空出来，派遣使者带千斤黄金、百辆车子，去聘请孟尝君任魏国相国。冯煖先赶车回到孟尝君身边，告诫孟尝君说：“一千金，是很丰厚的聘礼了，一百辆车，是显贵的使节了。齐国的人应该都听说这情况了。”魏国的使者往返三次，然而孟尝君坚决推辞而不去魏国。

齐王听到这个消息，君臣都震惊害怕起来，于是派遣太傅带一千斤黄金、两辆彩车、一把佩剑，并封好书信向孟尝君表示歉意说：“我很倒霉，受到祖宗降下的灾难，又被那些阿谀奉承的臣子所迷惑，得罪了您。我不值得让您辅佐；但是希望您能顾念先王的宗庙，姑且回国来统率全国的人民吧！”

冯煖告诫孟尝君说：“希望您能向齐王请来先王所传的祭器，在薛地建立您的宗庙。”宗庙建成以后，冯煖回来向孟尝君报告说：“三个洞窟都已经造凿成了，您可以暂且垫高枕头睡觉，并安心享乐了！”

孟尝君在齐国做了几十年相，没有遭受一点祸患，都是因为冯煖的谋划啊。

唐雎不辱使命

《战国策》

【题解】

本篇记叙了强国和弱国间的一场外交斗争。战国末期，秦相继灭掉其他国家，公元前230年灭韩，公元前225年灭魏。安陵是魏的附庸小国，面对秦国的花言巧语，安陵君派唐雎出使秦国。文章用扣人心弦的对话场景，生动形象地塑造了唐雎的形象，表现唐雎为了维护国土而不畏强暴、敢于斗争的精神。

【原文】

秦王使人谓安陵君曰：“寡人欲以五百里之地易安陵，安陵君其许寡人！”安陵君曰：“大王加惠，以大易小，甚善。虽然，受地于先王，愿终守之，弗敢易。”秦王不说。

安陵君因使唐雎使于秦。

秦王谓唐雎曰："寡人以五百里之地易安陵，安陵君不听寡人，何也？且秦灭韩亡魏，而君以五十里之地存者，以君为长者，故不错意也。今吾以十倍之地，请广于君，而君逆寡人者，轻寡人与？"唐雎对曰："否，非若是也。安陵君受地于先王而守之，虽千里不敢易也，岂直五百里哉？"

秦王怫然怒，谓唐雎曰："公亦尝闻天子之怒乎？"唐雎对曰："臣未尝闻也。"秦王曰："天子之怒，伏尸百万，流血千里。"唐雎曰："大王尝闻布衣之怒乎？"秦王曰："布衣之怒，亦免冠徒跣，以头抢地耳[①]。"唐雎曰："此庸夫之怒也，非士之怒也。夫专诸之刺王僚也，彗星袭月。聂政之刺韩傀也，白虹贯日。要离之刺庆忌也，苍鹰击于殿上。此三子皆布衣之士也，怀怒未发，休祲[②]降于天，与臣而将四矣。若士必怒，伏尸二人，流血五步，天下缟素，今日是也。"挺剑而起。

秦王色挠，长跪而谢之曰："先生坐，何至于此！寡人谕矣。夫韩、魏灭亡，而安陵以五十里之地存者，徒以有先生也。"

【注释】

①亦免冠徒跣（xiǎn），以头抢（qiāng）地耳：也不过是摘掉帽子，光着脚，把头往地上撞罢了。徒，光着。抢，撞。②休祲（jìn）：吉兆和凶兆。

【译文】

秦王派使者对安陵君说："我想要用方圆五百里的土地和你交换安陵城，安陵君请你一定要答应我！"安陵君说："大王加以恩惠，用大的土地交换我们小的土地，对我非常好；即使是这样，但这是我从先王那里继承的封地，愿意终生守卫它，不敢与您交换！”秦王知道后非常不高兴。安陵君就派遣唐雎出使秦国。

秦王对唐雎说：“我打算用方圆五百里的土地与你们交换安陵，安陵君却不答应我，这是为什么？况且秦国灭亡了韩国和魏国，你们安陵却凭借方圆五十里的土地保留下来，就是因为我把安陵君看作是忠厚有德行的人，所以并不在意。现在我用十倍于安陵的土地，想让安陵君能扩大自己的领土，他却违背我的意愿，这难道是看不起我吗？”唐雎回答说：“不，当然不是这样的。安陵君获得的这块封地是从先王那里继承的，所以要守护它，即使是方圆千里的土地也不敢交换，更何况仅仅只是方圆五百里的土地呢？”

秦王非常愤怒，对唐雎说：“先生你曾经听说过天子发怒时的情形吗？”唐雎回答说：“我没有听说过。”秦王说：“天子发怒的时候，会有数百万人的尸体倒下，数千里都流淌着鲜血。”唐雎说：“大王您听说过百姓发怒时的情形吗？”秦王说：“百姓发怒，最多也就是摘掉帽子，光着脚，用头撞地罢了。”唐雎说：“这只是平民中平庸无能的人发怒，不是平民中有才能有胆识的人发怒。专诸刺杀吴王僚的时候，彗星的光芒横扫过月亮；聂政刺杀韩傀的时候，一道白色的虹光穿太阳而过；要离刺杀庆忌的时候，苍鹰扑到宫殿上。他们三个人，都是平民中有才能有胆识的人，他们心里的怒气还没有爆发出来，上天就降示了吉凶的征兆。现在算上我，就是四个人了。如果有胆识有能力的人受到逼迫一定要发怒，那么就会有两个人的尸体倒下，鲜血只流满五步之内，天下百姓将要穿上丧服。今天的情形就是这样了。”说完，唐雎拔出剑，直起身子。

秦王变了脸色，直起身子跪着向唐雎道歉说：“先生请坐！怎么能够到这种地步！我明白了：韩国、魏国灭亡，安陵却凭借方圆五十里的地方得以保存下来，仅仅是因为有先生您在啊！”

卜居

《楚辞》

【题解】

《卜居》是《楚辞》中文章的名称。文中多用比喻手法，形象鲜明，而且音节嘹亮，对比强烈。在内容上，《卜居》并不是问卜决疑之作，而是巧妙运用了设问的手法，表达了作者的愤世嫉俗之意。

【原文】

屈原既放，三年不得复见。竭智尽忠而蔽障于谗，心烦虑乱，不知所从。乃往见太卜郑詹尹曰："余有所疑，愿因先生决之。"詹尹乃端策拂龟[①]曰："君将何以教之？"

屈原曰："吾宁悃悃款款[②]，朴以忠乎，将送往劳来，斯无穷乎？宁诛锄草茅以力耕乎，将游大人以成名乎？宁正言不讳以危身乎，将从俗富贵以媮生乎？宁超然高举以保真乎，将哫訾栗斯[③]，喔咿嚅唲[④]以事妇人乎？宁廉洁正直以自清乎，将突梯滑稽[⑤]，如脂如韦以洁楹[⑥]乎？

"宁昂昂若千里之驹乎，将氾氾若水中之凫乎，与波上下，偷以全吾躯乎？宁与骐骥亢轭[⑦]乎，将随驽马之迹乎？宁与黄鹄比翼乎，将与鸡鹜争食乎？

"此孰吉孰凶，何去何从？

"世溷浊[⑧]而不清，蝉翼为重，千钧为轻；黄钟毁弃，瓦釜雷鸣；谗人高张，贤士无名。吁嗟默默兮，谁知吾之廉贞？”

詹尹乃释策而谢曰：“夫尺有所短，寸有所长；物有所不足，智有所不明；数有所不逮，神有所不通。用君之心，行君之意。龟策诚不能知此事。”

【注释】

①端策拂龟：端策，数计蓍草。拂龟，拂去龟壳上的灰尘。蓍草和龟壳都是占卜用具。②悃（kǔn）悃款款：诚实勤恳的样子。③哫（zú）訾（zǐ）栗斯：用以形容人卑躬屈膝、向他人献媚取宠的样子。哫訾，阿谀逢迎的样子。栗斯，亦作“粟斯”，形容谨慎小心、唯恐做错事的样子。④喔咿嚅唲：喔咿，献媚强笑貌。嚅唲，强颜欢笑的样子。⑤突梯滑（gǔ）稽：突梯，圆滑的样子。滑稽，一种能转注吐酒，终日不竭的酒器，后借以指应付无穷、善于迎合别人。⑥絜（xié）楹：度量屋柱，顺圆而转，形容处世的圆滑随俗。洁。⑦亢軶：并驾齐驱。⑧溷浊：混浊。“溷”通“混”。

【译文】

屈原被流放以后，三年没能够再觐见楚王。竭尽智慧用尽忠心的他，却被谗言遮挡阻碍。他心思烦乱，不知道应该怎么办。于是他前去拜见太卜郑詹尹说：“我有所困惑，希望由先生您来决断。”詹尹就把蓍草摆正并拂去龟壳上的灰尘说：“您有什么要请教的啊？”

屈原说：“我是应该诚实勤恳，朴实地效忠呢，还是迎来送往，而使自己不至于穷困呢？是宁愿锄去杂草卖力耕种呢，还是游说当权者来成就我的名声呢？是应该义正词严、无所避讳却使自身处于危险呢，还是依从世俗的富贵者来苟且偷生呢？是应该超脱自然、隐居起来以保全自己的真性情呢，还是阿谀逢迎、卑躬屈膝，献媚强笑来讨好士人的妻子呢？是应该廉洁正直来使自己纯净呢，还是圆滑迎合，像脂肪熟皮一样，圆滑随俗呢？

“是应该昂扬高傲得像千里马一样呢，还是平凡得像水里的鸭子随着波涛上下浮动，苟且保全自己的身躯呢？是应该和千里马并驾齐驱呢，还是跟着跑得慢的马的足迹呢？是应该与鸿鹄比翼齐飞呢，还是跟鸡鸭一起争抢食物呢？

“这些选择哪个是吉，哪个是凶？应该怎么选择？

“世界混浊不清纯，蝉翼被认为很重，千钧被认为很轻；黄钟被毁坏丢弃，瓦锅被认为可以发出雷鸣般的声音；谗言献媚的人居高位而嚣张跋扈，贤能的人士却没有名声。哀叹沉默吧，有谁知道我是廉洁坚贞的呢？”

詹尹放下蓍草致歉道：“所谓尺虽然比寸长，但是也有它不足的地方，寸虽然比尺短，但是也有它的长处；万物都有它不足的地方，智者也有他不能明白的问题；蓍草有它算不到的事，神明有它不了解的东西。您还是用您自己的思想，决定您自己的行为吧。龟壳蓍草确实无法知道这些事啊！”

【作者简介】

屈原（约前340—前278），中国古代伟大的爱国诗人，战国时期楚国的辞赋家、政治家。曾担任三闾大夫、左徒，兼管内政外交大事。他主张对内举贤能，修明法度，对外联齐抗秦。后因遭贵族排挤，被流放沅、湘流域。公元前278年秦将白起一举攻破楚国首都郢都时，忧国忧民的屈原在长沙附近汨罗江怀石自杀。屈原写下了许多不朽诗篇，他是中国古代浪漫主义诗歌的奠基者，在楚国民歌的基础上创造了新的诗歌体裁——楚辞。

宋玉对楚王问

《楚辞》

【题解】

本篇是宋玉面对楚王责问时的辩护之词。这篇文章巧妙的地方在于，在整篇应对之词里，宋玉没有说一句直接为自己申辩的话，而是引譬设喻，借喻晓理，分别以音乐、动物、圣人为喻作比，说明了曲高和寡的道理，表现了他卓尔不群、孤傲清高的情怀。

【原文】

楚襄王问于宋玉曰："先生其有遗行与？何士民众庶不誉之甚也？"

宋玉对曰："唯，然。有之。愿大王宽其罪，使得毕其辞。客有歌于郢中者，其始曰《下里》《巴人》①，国中属而和者数千人。其为《阳阿》《薤露》②，国中属而和者数百人。其为《阳春》《白雪》③，国中属而和者不过数十人。引商刻羽，杂以流徵，国中属而和者不过数人而已。是其曲弥高，其和弥寡。

"故鸟有凤而鱼有鲲。凤凰上击九千里，绝云霓，负苍天，足乱浮云，翱翔乎杳冥之上。夫藩篱之鷃，岂能与之料天地之高哉！鲲鱼朝发昆仑之墟，暴鬐于碣石，暮宿于孟诸。夫尺泽之鲵，岂能与之量江海之大哉！故非独鸟有凤而鱼有鲲也，士亦有之。夫圣人瑰意琦行，超然独处，世俗之民，又安知臣之所为哉！"

【注释】

①《下里》《巴人》：楚国的民间歌曲，比较通俗低级。现在代指通俗艺术。②《阳阿》《薤露》：两种稍为高级的歌曲。《阳阿》，古歌曲名。《薤露》，相传为齐国东部（今山东东部）的挽歌，出殡时由挽柩人所唱。《薤露》是说人的生命十分短促，如薤叶上的露水，一瞬即干。③《阳春》《白雪》：是战国时代楚国艺术性较高、有难度的歌曲。现比喻高深的、高雅的文学艺术。

【译文】

楚襄王向宋玉问道："先生也许有品德有失的行为吧？为什么众多的士人百姓都不那么称赞你呢？"

宋玉回答说："嗯，是这样，有这种情况。期望大王宽恕我的罪过，让我能够说完我的话。有个在楚国都城里唱歌的人，最开始他唱《下里》《巴人》，都城里跟着他唱和的有几千人；后来他唱《阳阿》《薤露》，都城里跟着他唱和的有几百人；等到他唱《阳春》《白雪》的时候，都城里跟着他唱和的只有几十人；最后他以商声、羽声演唱，夹杂着徵声的时候，都城里跟着他唱和的就只剩几个人了。如此看来，曲调越是高雅，应和的人也就越少。

"所以鸟类中有凤凰，而鱼类中有鲲鱼。凤凰振翅能飞上九千里，穿越云霄霓虹，背负着苍天，足以搅乱浮云，翱翔在极高极远的天上；那篱笆旁边的晏雀，怎么能够和凤凰一样了解天地的高大！鲲鱼早上从昆仑山的山脚下出发，中午在碣石晒脊背，夜晚在孟诸过夜；在那一尺来深的水塘里生活的小鲵鱼，怎么能够和鲲鱼一样了解江海的广阔！所以不光是鸟类中有凤凰，鱼类中有鲲鱼，士人之中也会有杰出人才。那圣人的高明思想和不平常美好的行为，是超出常人而独自存在，世俗的平民又怎能理解我的所作所为呢？”

【作者简介】

宋玉（约前298—约前222），又名子渊，战国时期楚国的辞赋家。宋玉好辞赋，与唐勒、景差齐名。其著名作品有《九辨》《风赋》《高唐赋》《登徒子好色赋》等。

五帝本纪赞

司马迁

【题解】

《五帝本纪赞》是《史记》的第一篇。司马迁在文中连续运用转折句式，用以表达其感慨和体会。清人吴楚材、吴调侯在《古文观止》评点中，把这篇文章归结为“九转”，这些转折有的表达困扰，有的表达叹惋，有的表达喜悦，有的表达自信，都道出了司马迁写作的甘苦，造成转折委曲，往复回环的文势，产生了文简意深的效果。

【原文】

太史公曰：学者多称五帝，尚矣。然《尚书》独载尧以来，而百家[①]言黄帝，其文不雅驯，荐绅[②]先生难言之。孔子所传《宰予问五帝德》及《帝系姓》，儒者或不传。余尝西至空峒[③]，北过涿鹿，东渐于海，南浮江淮矣，至长老皆各往往称黄帝、尧、舜之处，风教固殊焉。总之，不离古文者近是。予观《春秋》《国语》，其发明《五帝德》《帝系姓》章矣，顾弟弗深考，其所表见皆不虚。《书》缺有间矣，其轶乃时时见于他说。非好学深思，心知其意，固难为

浅见寡闻道也。余并论次，择其言尤雅者，故著为本纪书首。

【注释】

①百家：《汉书·艺文志》记载有《百家》篇三十九卷。一说为诸子百家。②荐绅：古代高级官吏的装束。亦指有官职或做过官的人。荐，通“缙”。③空峒：即崆峒，传说黄帝问道于广成子处。

【译文】

太史公司马迁说：学者多称呼五帝，但是太久远了。然而《尚书》上记载的，只是从唐尧开始，直到后来。而百家谈论黄帝的事情，大都不可确信，所以就是当过官有见识的人，也很难断定真假。孔子所传的《宰予问五帝德》和《帝系姓》，儒者认为那不是圣人说的话，便不肯传述。我曾经向西到过崆峒山，向北到过涿鹿郡，向东到过海边，向南到过江淮，那些地方的长老常常谈到黄帝、尧、舜居住的地方，风气教化，原来是不一样的。总而言之，并不与古文差得太远，差不多是可信的。我看《春秋》《国语》两部书，那中间有能够和《五帝德》《帝系姓》等篇章互相启发、阐明的，只是并没有深入思考，但其所阐述都不是虚假的。至于《尚书》，残缺已有多年，所以它散失的事情，经常在其他书中看见。如果不是好学深思、心中明白书中用意的人，自然难以和见识浅薄孤陋寡闻的人讲。我合并了诸子百家的书，排列顺序，挑选其中叙述非常正统的，作《本纪》为全书的第一篇。

【作品简介】

司马迁（前135—不详），字子长，西汉伟大的史学家、文学家、思想家，被后人尊为“史圣”。司马迁以其“究天人之际，通古今之变，成一家之言”的史识完成史学巨著《史记》。《史记》被鲁迅誉为“史家之绝唱，无韵之离骚”。

过秦论上

贾谊

【题解】

本篇是西汉文学家贾谊的著名作品，文章总结了秦朝兴起与灭亡的原因，以富有文学色彩的语言，描述了秦统一天下到灭亡的一段历史，最后鲜明地提出了本文的中心论点——秦国灭亡的原因在于“仁义不施而攻守之势异也”，表达了贾谊对汉文帝政治改革的建议。

【原文】

秦孝公据崤、函之固，拥雍州之地，君臣固守，以窥周室，有席卷天下，包举宇内，囊括四海[①]之意，并吞八荒之心。当是时也，商君佐之，内立法度，务耕织，修守战之具；外连衡[②]而斗诸侯。于是秦人拱手[③]而取西河[④]之外。

孝公既没，惠文、武、昭蒙故业，因遗策，南取汉中，西举巴蜀，东割膏腴之地，收要害之郡。诸侯恐惧，会盟而谋弱秦，不爱珍器、重宝、肥饶之地，以致天下之士，合从缔交，相与为一。当此之时，齐有孟尝，赵有平原，楚有春申，魏有信陵。此四君者，皆明智而忠信，宽厚而爱人，尊贤而重士，约从离横，兼韩、魏、燕、赵、宋、卫、中山之众。于是六国之士，有宁越、徐尚、苏秦、杜赫之属为之谋，齐明、周最、陈轸、召滑、楼缓、翟景、苏厉、乐毅之徒通其意，吴起、孙膑、带佗、兒良、王廖、田忌、廉颇、赵奢之伦制其兵。尝以什倍之地，百万之众，叩[⑤]关而攻秦。秦人开关延敌，九国之师遁逃而不敢进。秦无亡矢遗镞之费[⑥]，而天下诸侯已困矣。于是从散约解，争割地而赂秦。秦有余力而制其弊，追亡逐北，伏尸百万，流血漂橹。因利乘便，宰割天下，分裂山河。强国请服，弱国入朝。施及孝文王、庄襄王，享国之日浅，国家无事。

及至始皇，奋六世之余烈，振长策而御宇内，吞二周而亡诸侯，履至尊而制六合，执敲朴以鞭笞天下，威振四海。南取百越之地，以为桂林、象郡；百越之君俛首系颈，委命下吏。乃使蒙恬北筑长城而守藩篱，却匈奴七百余里。胡人不敢南下而牧马，士不敢弯弓而报怨。于是废先王之道，燔百家之言，以愚黔首。隳[⑦]名城，杀豪俊，收天下之兵聚之咸阳，销锋镝，铸以为金人十二，以弱天下之民。然后践华为城，因河为池，据亿丈之城，临不测之溪以为固。良将劲弩守要害之处，信臣精卒陈利兵而谁何。天下已定，始皇之心，自以为关中之固，金城千里，子孙帝王万世之业也。

始皇既没，余威震于殊俗。然而陈涉瓮牖绳枢之子，氓隶之人，而迁徙之徒也；材能不及中庸，非有仲尼、墨翟之贤，陶朱、猗顿之富，蹑足行伍之间，俛起阡陌之中，率罢弊之卒，将数百之众，转而攻秦，斩木为兵，揭竿为旗，天下云集而响应，赢粮而景从[⑧]。山东豪俊遂并起而亡秦族矣。

且夫天下非小弱也，雍州之地，崤函之固，自若也。陈涉之位，不尊于齐、楚、燕、赵、韩、魏、宋、卫、中山之君也；锄耰、棘矜，不铦于钩戟长铩也；谪戍之众，非抗于九国之师也；深谋远虑，行军用兵之道，非及曩时之士也。

然而成败异变，功业相反，试使山东之国与陈涉度长絜大，比权量力，则不可同年而语矣。然秦以区区之地，致万乘之势，招八州而朝同列，百有余年矣；然后以六合为家，崤、函为宫；一夫作难而七庙隳，身死人手，为天下笑者，何也？仁义不施而攻守之势异也。

【注释】

①席卷天下，包举宇内，囊括四海：三句是同义铺排，都是指统一天下。②连衡：即连横，战国时张仪游说六国一同事奉秦国称“连横”，与苏秦称六国联合抗秦为“合纵”相对。③拱手：双手合抱，形容轻松不费力。④西河：又称河西，今陕西东部黄河西岸地区。⑤叩：击。⑥无亡矢遗镞之费：形容没有任何消耗、代价。亡矢遗镞，丢失弓箭和箭头。⑦隳（huī）：毁坏。⑧景从：如影子般跟从。景，通“影”。

【译文】

秦孝公占据着崤山和函谷关之间的险固地势，拥有雍州的土地，君臣牢固地守卫着这里并觊觎着周王室的权力，怀着统一天下的意图，兼并各地的野心。在这个时期，有商鞅辅佐他，对内树立法律制度，发展耕种纺织，修造防守和作战的工具；对外实行连横策略，而让诸侯自相争斗。于是，秦人双手合抱般轻而易举地夺取了黄河以西的土地。

秦孝公死了以后，惠文王、武王、昭襄王承继前人的基业，沿袭前代留下来的策略，向南取得汉中，向西攻占巴、蜀，向东割取肥沃富饶的地区，向北占领非常重要的战略地区。其他诸侯非常恐慌，集会结盟来谋划削弱秦国，不吝惜奇珍贵重的宝物和肥沃富饶的土地，用来招揽天下优秀贤能的人，采用合纵的策略来缔结盟约，互相协助，成为一体。在这个时期，齐国有孟尝君，赵国有平原君，楚国有春申君，魏国有信陵君。这四位封君，都理智聪明，而且忠君有信用，宽大厚道且爱惜人民，尊重贤能的人才而重用优秀的士人，盟约合纵来击破秦的连横之策，联合韩、魏、燕、赵、宋、卫、中山的部队。在这时，六国的士人，有宁越、徐尚、苏秦、杜赫等人为他们谋划献策，齐明、周最、陈轸、召滑、楼缓、翟景、苏厉、乐毅等人沟通传达他们的意见，吴起、孙膑、带佗、倪良、王廖、田忌、廉颇、赵奢等人率领他们的军队。他们曾经用十倍于秦的土地，上百万的军队，攻打函谷关，进攻秦国。秦国人打开函谷关口迎战敌人，九国的军队有所顾虑徘徊不敢前进。秦人没有失去一张弓，没有一个箭头的耗费，其他诸侯就已经窘迫不堪了。因此，合纵的盟约失败解散了，各诸侯国争相割地来贿赂秦国。秦国有足够的力量趁他们困乏而制伏他们，追赶逃走的兵士，百万尸体倒在路上，流淌的血液可以让盾牌漂浮起来。秦国凭借这有利的条件，分割天下的土地，瓜分裂解山河的区域。强国主动表示向秦国臣服，弱国则入秦朝拜秦王。延续到孝文王、庄襄王，他们统治的时间很短，秦国并没有发生什么大事。

到秦始皇的时候，他发展前六世遗留下来的功业，挥舞长长的鞭子号令全国，吞并西周、东周并灭亡各诸侯国，登上帝位来统治天下，使用严酷的刑罚来奴役天下的百姓，威名传到四海震慑天下。秦始皇向南攻下百越的土地，把它划分为桂林郡和象郡，百越的君主埋着头，颈上系着绳子，把性命交给秦朝的下级官吏。于是秦始皇又命令蒙恬在北方修筑长城，守卫边境，迫使匈奴撤退七百多里；胡人不敢到南边来放牧，勇士不敢拉弓射箭来报仇。于是秦始皇废除了古代帝王的治世之道，焚烧诸子百家的著作，来使百姓变得愚蠢；毁坏高大的城池，杀掉才能出众的人；收缴天下的兵器，聚集在咸阳，销熔兵刃和箭头，铸造成为十二个铜人，以此削弱百姓的力量。然后他依靠华山为城墙，以黄河作为护城河，凭借着高耸的华山，靠着深不可测的黄河，认为这是足够险固的地方。好的将领手持强劲的弩箭，守卫着重要的地方；可靠的官员率领精锐的兵卒，拿着锋利的武器，盘问过往行人。天下已经平定，始皇心里自认为这关中的险固地势、方圆千里的坚固的城墙，是子子孙孙作为帝王直至万代的基业。

始皇去世之后，他的余威仍然震慑着边远地区。可是，陈涉不过是个破瓮做窗、绳做户轴的穷人家的人，是氓、隶一类的人，做了被迁谪戍边的人；才能不如普通人，并没有孔丘、墨翟那样的贤德，也不像陶朱、猗顿那样富有。（他）插足在戍卒的队伍中，从田野间突然奋起，率领着疲劳不堪的士兵，指挥着几百人的队伍，扭转地位进攻秦国，砍下树木当作武器，举起竹竿当作旗帜，天下豪杰像云聚集一样响应他，许多人都背着粮食，如影随形地跟着。崤山以东的英雄豪杰于是一齐起事，消灭了秦朝。

天下并没有缩小削弱，雍州的地势，崤山和函谷关的险要，都保持原来的样子。陈涉的地位，没有比齐、楚、燕、赵、韩、魏、宋、卫、中山的国君更加显赫；锄头木棍也比不上钩戟长矛的锋利；那迁谪戍边的士兵也不能和九国部队相提并论；深远谋虑，行军用兵的方法，也比不上先前九国的武将谋臣。可是胜败不一样，功业完全相反，为什么呢？假使拿崤山以东的诸侯国跟陈涉比较长短大小，衡量权势力量，就更不能相提并论了。然而秦凭借它很小的领地，发展到兵车万辆的国势，统御全国，使六国诸侯都来朝见，已经一百多年了；这之后把天下当作家业，把崤山、函谷关作为自己的宫殿；陈涉一人起义就导致国家灭亡了，秦王子婴也死在了别人手里，被天下人耻笑，这是为什么呢？就因为不施行仁政而使攻守的形势发生了改变啊。

【作者简介】

贾谊（前200—前168），西汉著名的思想家、文学家。贾谊文笔十分出众，十八岁即闻名于郡里而得到赞赏，被河南郡守吴公招至门下，成为郡守的门客。贾谊二十二岁时，汉文帝登基，擢升河南郡守吴公为廷尉，贾谊也因吴公推荐当了博士，是当时所聘用的博士当中最年轻的一位。贾谊每每有精辟见解，文帝很欣赏他。贾谊的辞赋可谓上承屈原、宋玉，下开枚乘、司马相如，是从楚辞发展到汉赋的重要桥梁。

前出师表

诸葛亮

【题解】

本篇是三国时期蜀汉丞相诸葛亮在北伐中原之前呈给后主刘禅的表文。诸葛亮以恳切委婉的言辞，劝勉后主要广开言路、严明赏罚、亲贤远佞，以此兴复汉室。表文阐述了北伐中原这一军事行动的必要性，同时蕴含着诸葛亮希望后主刘禅能励精图治的殷切期望。

【原文】

臣亮言：先帝创业未半而中道崩殂。今天下三分，益州疲敝，此诚危急存亡之秋也。然侍卫之臣不懈于内，忠志之士忘身于外者，盖追先帝之殊遇，欲报之于陛下也。诚宜开张圣听，以光先帝遗德，恢宏志士之气，不宜妄自菲薄，引喻失义，以塞忠谏之路也。

宫中府中，俱为一体；陟罚臧否[①]，不宜异同。若有作奸犯科及为忠善者，宜付有司论其刑赏，以昭陛下平明之治，不宜偏私，使内外异法也。

侍中、侍郎郭攸之、费祎、董允等，此皆良实，志虑忠纯，是以先帝简拔以遗陛下。愚以为宫中之事，事无大小，悉以咨之，然后施行，必能裨补阙漏，有所广益。

将军向宠，性行淑均，晓畅军事，试用于昔日，先帝称之曰能，是以众议举宠以为督。愚以为营中之事，事无大小，悉以咨之，必能使行阵和穆，优劣得所也。

亲贤臣，远小人，此先汉所以兴隆也；亲小人，远贤臣，此后汉所以倾颓也。先帝在时，每与臣论此事，未尝不叹息痛恨于桓、灵也。侍中、尚书、长史、参军，此悉贞亮死节之臣也，愿陛下亲之信之，则汉室之隆，可计日而待也。

臣本布衣，躬耕于南阳，苟全性命于乱世，不求闻达于诸侯。先帝不以臣卑鄙，猥自枉屈，三顾臣于草庐之中，谘臣以当世之事，由是感激，遂许先帝以驱驰。后值倾覆[②]，受任于败军之际，奉命于危难之间：尔来二十有一年矣。

先帝知臣谨慎，故临崩寄臣以大事也。受命以来，夙夜忧叹[③]，恐托付不效，以伤先帝之明；故五月渡泸，深入不毛。今南方已定，兵甲已足，当奖帅三军，北定中原，庶竭驽钝，攘除奸凶，兴复汉室，还于旧都。此臣之所以报先帝而忠陛下之职分也。至于斟酌损益[④]，进尽忠言，则攸之、祎、允之任也。

愿陛下托臣以讨贼兴复之效，不效，则治臣之罪，以告先帝之灵。若无兴德之言，则责攸之、祎、允之咎，以彰

其慢。陛下亦宜自谋，以咨諏善道，察纳雅言，深追先帝遗诏。臣不胜受恩感激。

今当远离，临表涕泣，不知所云。

【注释】

①陟（zhì）罚臧否（pǐ）：陟，提升，奖励。罚，惩罚。臧否，善恶，这里用作动词，意思是评论人物好坏。②倾覆：指兵败。③夙夜忧叹：早晚叹息。④斟酌损益：斟情酌理，有所兴办。比喻做事要掌握分寸。

【译文】

微臣诸葛亮进言：先帝开创一统天下的大业还没有完成一半就中途去世。如今天下分为三部分，益州地区疲惫不堪，这实在是国家危急存亡的关键时期啊。然而侍从护卫对内毫不懈怠，忠诚有志的将士在战场上奋不顾身，这都是追念先帝对他们的知遇之恩，想要报答在陛下您身上。陛下实在应该扩大圣明的听闻，来光耀先帝遗留下来的美德，发扬有远大志向之人的志气，不应当随便看轻自己、说不恰当的话，以致堵塞臣子忠心进谏的道路。

皇宫中和丞相府里的大臣，都是一个整体；惩罚或提拔，赏罚褒贬，不应该有所不同。如果有干违法乱纪之事的人，或尽忠心做善事的人，都应该交给主管的官员去评定他们的受赏或受罚，来昭示陛下公平明正的治理，而不应当偏袒，使朝廷内外奖惩的法度不同。

侍中、侍郎郭攸之、费祎、董允等人，都是忠良信实的人，他们的志向和心思都忠诚纯洁，所以先帝把他们选拔出来辅佐陛下。我认为宫廷中的事情，无论事情大小，都拿来跟他们商量，然后再实施，就一定能够弥补不足和疏漏之处，可以获得更多的好处。

将军向宠，性格善良品行公正，精通军事，在从前被任用的时候，先帝称赞他有能力，因此大家评议推举他做都督。我认为军营里的事情，都拿来跟他商量，就一定能够使军队团结和谐，优秀的和一般的各自找到他们的位置。

亲近贤臣，疏远小人，这是汉朝早年能够兴隆昌盛的原因；亲近小人，疏远贤臣，这是汉朝末年衰败的原因。先帝在世时，每次和我谈论这些事情，没有一次不对桓、灵二帝的做法感到痛心遗憾的。侍中、尚书、长史、参军，这些人都是忠贞良实、能够以死报国的忠臣，希望陛下青睐他们，信任他们，那么汉室的兴隆就指日可待了。

我本来是个平民，亲自在南阳务农耕种，只希望在乱世里苟且保全性命，不奢望在诸侯中获得名声。先帝不介意我身份低微，见识短浅，而降低身份，委屈自己，三次来到草庐拜访我，询问我对当时时局的看法，我因此十分感动，就答应为先帝奔走效劳。后来又遇上兵败，在兵败的时候我接受了重任，在危机患难的关头接受命令，从那时以来已经有二十一年了。

先帝知道我做事小心谨慎，所以临终的时候，把国家大事托付于我。我接受委命以来，早晚担忧叹息，担心托付给我的大任不能实现，而有损于先帝的知人之明，所以我五月渡过泸水，深入人烟稀少的荒凉地方。现在南方已经稳定，士兵装备已经充足，应该激励并率领全军向北方进军，平定中原。我希望竭尽自己平庸的才能，去铲除那些奸邪凶恶的敌人，恢复汉朝的基业，回到旧日的国都。这是我用来报答先帝并且忠于陛下的职责所在。至于处理事务斟情酌理，有所兴革，毫无保留地进忠言，那是郭攸之、费祎、董允等人的责任。

希望陛下把讨伐曹魏兴复汉室的任务托付给我，如果没有成功，就请惩治我的罪过，从而告慰先帝在天之灵。如果没有振兴圣德的建议，就应当责罚郭攸之、费祎、董允等人的怠慢，来揭示他们的过失；陛下也应该自行计划，征求询问治国的良策，明察、采纳正确的建议，深切追念先帝临终留下的教诲。我就感恩戴德感激不尽了。

今天我将要告别陛下远行，面对这份奏表流下眼泪，不知道说了些什么。

【作者简介】

诸葛亮（181—234），字孔明，三国时期蜀汉丞相，中国历史上著名的政治家、军事家。诸葛亮青年时躬耕于南阳郡，被时人称为卧龙。后受刘备三顾茅庐邀请出仕，帮助刘备完成了鼎足三分的大业，刘备死后，诸葛亮辅佐刘禅，先后五次率军北伐曹魏，他的一生堪称“鞠躬尽瘁，死而后已”，是中国传统文化里忠与智的杰出代表。

陈情表

李密

【题解】

《陈情表》是西晋李密写给晋武帝司马炎的奏章。当时三国的局面刚刚结束，司马炎希望身为蜀地人的李密出来做官。但李密对年迈的祖母十分孝顺，再加上有忠臣不事二主的思想，因此写了这篇文章。李密先是叙述祖母抚育自己的大恩，以及自己应该报养祖母的大义，然后感谢了晋武帝的知遇之恩，最后倾诉自己不能从命的苦衷，可谓委婉畅达，一腔真情溢于言表。

【原文】

臣密言：臣以险衅，夙遭闵凶[①]。生孩六月，慈父见背；行年四岁，舅夺母志。祖母刘，愍臣孤弱，躬亲抚养。臣少多疾病，九岁不行，零丁孤苦，至于成立。既无叔伯，终鲜兄弟，门衰祚薄，晚有儿息。外无期功强近之亲，内无应门五尺之童，茕茕孑立[②]，形影相吊。而刘夙婴疾病，常在床蓐，臣侍汤药，未尝废离。

逮奉圣朝，沐浴清化。前太守臣逵察臣孝廉；后刺史臣荣举臣秀才。臣以供养无主，辞不赴命。诏书特下，拜臣郎中，寻蒙国恩，除臣洗马[③]。猥以微贱，当侍东宫，非臣陨首所能上报。臣具以表闻，辞不就职。诏书切峻，责臣逋慢；郡县逼迫，催臣上道；州司临门，急于星火。臣欲奉诏奔驰，则以刘病日笃，欲苟顺私情，则告诉不许。臣之进退，实为狼狈。

伏惟圣朝以孝治天下，凡在故老，犹蒙矜育，况臣孤苦，特为尤甚。且臣少事伪朝，历职郎署，本图宦达，不矜名节。今臣亡国贱俘，至微至陋，过蒙拔擢，宠命优渥，岂敢盘桓，有所希冀？但以刘日薄西山，气息奄奄，人命危浅，朝不虑夕。臣无祖母，无以至今日，祖母无臣，无以终余年。母孙二人，更相为命，是以区区不能废远。

臣密今年四十有四，祖母刘今年九十有六，是臣尽节于陛下之日长，报养刘之日短也。乌鸟私情，愿乞终养。臣之辛苦，非独蜀之人士及二州牧伯所见明知，皇天后土，实所共鉴。愿陛下矜愍愚诚，听臣微志，庶刘侥幸，卒保余年。臣生当陨首，死当结草[④]。臣不胜犬马怖惧之情，谨拜表以闻。

【注释】

①夙遭闵凶：夙，早时，这里指年幼的时候。闵，通“悯”，指可忧患的事，多指疾病死丧。凶，这里指他家中不幸的事。②茕（qióng）茕孑（jié）立：形容孤苦伶仃，无依无靠。茕茕，孤单的样子。孑，孤单。③洗（xiǎn）马：即太子洗马，太子的侍从官。④结草：指报恩。出自《左传·宣公十五年》：春秋时，晋大夫魏武子有爱妾，武子病重，嘱咐儿子魏颗说，自己死后，让爱妾改嫁。到了病危时，又说令妾殉葬。武子死后，魏颗把父妾嫁出，说是遵守父亲神志清醒时的遗命。传说后来魏颗和秦将杜回作战，看到一老人结草绊倒了杜回，夜间魏颗梦见老人说自己是魏武子妾的父亲，之所以帮助他，是因为要报答他不令女儿殉葬的恩德。现表示死后也将如结草老人一样来报答恩情，有成语“结草衔环”。

【译文】

微臣李密上奏：我因艰难祸患，很小就遭遇了不幸，刚出生六个月，我慈爱的父亲就不幸逝世了。我四岁的时候，舅父强迫母亲改变守节的志向而让母亲改嫁。我的祖母刘氏，怜悯我年幼丧父，便亲自抚养我。我小的时候常常生病，九岁时还不会行走，孤独没有依靠，一直到成年。既没有叔叔伯伯，又没有兄弟，门庭衰微、福分浅薄，很晚才有儿子。在外面没有关系比较亲近的亲戚，在家里又没有照管门户的童仆。生活孤单毫无依靠，只有自己的身体和影子相互慰藉。但祖母刘氏又很早就疾病缠身，常年卧床不起，我侍奉她吃饭喝药，从来就没有停止或离开她。

到了当今圣明的朝代，我接受了清明的政治教化。先前有叫逵的太守，考察后推举我为孝廉，后来刺史荣又推举臣下为秀才。我因为供奉赡养祖母的事无人主持，所以辞谢不前往接受任命。朝廷又特地发下诏书，任命我为郎中，不久又承蒙国家恩惠，任命我为太子的侍从。我以卑微低贱的身份，担当侍奉太子的职务，这实在不是我杀身捐躯就能向上报答朝廷的。我将这些苦恼上表报告，辞谢不去就职。但是诏书严正急切，责备我怠慢。郡县长官对我逼迫，催促我迅速上路；州官登门催促，比流星还急促。我很想奉旨为皇上奔走效劳，但祖母刘氏的病越来越严重；想要姑且顺从自己的私情，但报告诉苦不被允许。我的举止行动，实在是狼狈。

圣明的朝代是凭借孝道来治理天下的，凡是年老且德高的旧臣，尚且还受到怜惜抚育，况且我的孤单苦难程度比他们更为严重呢。而且我年轻的时候曾经出仕蜀汉，担任过郎署，本来就希望能够通过做官显达，并不顾惜声名节操。现在我是一个亡国后卑贱的俘虏，十分卑微粗劣，受到过分的承蒙和提拔，恩命十分优厚，怎敢犹豫不决再有更多希求呢？只是因为祖母刘氏的寿命即将到头，气息非常微弱，生命垂危，早上不能考虑晚上会怎样。我如果没有祖母，就无法走到今天；祖母如果没有我的照料，也无法安稳地度过她的余生。我们祖孙二人，互相依靠过着日子，因此我的内心情感使我不能废止奉养，远离祖母。

我今年有四十四岁了，祖母今年有九十六岁了，我对陛下尽忠尽节的日子还很长，而报答赡养祖母刘氏的日子已经不多了。我以乌鸦反哺的私情，愿望乞求能够让我奉养祖母刘氏以终其天年。我的辛酸苦楚，并不仅仅被蜀地的百姓及益州、梁州两个州牧明白了解，连天地神明也实在能够明察。希望陛下能怜悯我愚昧的孝心，满足我微不足道的心愿，使我的祖母刘氏能够侥幸地保全她的余生。我活着理应杀身报效朝廷，死了也要结草衔环来报答陛下的恩情。臣下我怀着犬马一样不胜恐惧的心情，恭敬地呈上此表来让陛下知道这件事。

【作者简介】

李密（224—287），字令伯，三国末期蜀国人。他幼年丧父，母何氏改嫁，由祖母抚养成人。后来李密因对祖母的孝敬名扬乡里。李密的师父是当时蜀国著名的学者谯周。蜀汉亡后，晋武帝召李密为太子洗马，李密以祖母年老多病、无人供养的缘由力辞，祖母去世后才出来做官。

兰亭集序

王羲之

【题解】

本篇讲述了时任会稽内史的王羲之与友人谢安、孙绰等四十一人会聚兰亭，赋诗饮酒的故事。文章以层次井然的语言，描绘了兰亭所处的自然环境和周围景物，从大处落笔，由远及近，转而由近及远，推向无限。意境清丽淡雅，情调欢快畅达。最后，王羲之在表现人生苦短、生命不居的感叹中，流露出对生命的向往和执着的热情。

【原文】

永和九年，岁在癸丑，暮春①之初，会于会稽山阴之兰亭，修禊事也。群贤毕至，少长咸集。此地有崇山峻岭，茂林修竹；又有清流激湍，映带左右，引以为流觞曲水②，列坐其次。虽无丝竹管弦之盛，一觞一咏，亦足以畅叙幽情。是日也，天朗气清，惠风和畅，仰观宇宙之大，俯察品类之盛，所以游目骋怀，足以极视听之娱，信可乐也。

夫人之相与，俯仰一世，或取诸怀抱，晤言一室之内；或因寄所托，放浪形骸之外。虽取舍万殊，静躁不同，当其欣于所遇，暂得于己，快然自足，曾不知老之将至。及其所之既倦，情随事迁，感慨系之矣。向之所欣，俯仰之间，已为陈迹，犹不能不以之兴怀。况修短随化，终期于尽！古人云："死生亦大矣。"岂不痛哉！

每览昔人兴感之由，若合一契，未尝不临文嗟悼，不能喻之于怀。固知一死生为虚诞，齐彭殇[③]为妄作。后之视今，亦犹今之视昔。悲夫！故列叙时人，录其所述，虽世殊事异，所以兴怀，其致一也。后之览者，亦将有感于斯文。

【注释】

①暮春：晚春，指春天的第三个月，即农历三月。②流觞曲水：用漆制的酒杯盛酒，放进曲折水道中任其漂流，杯停在谁面前，谁就引杯饮酒。这是古人一种劝酒取乐的方式。曲水，引水环曲为渠，以流酒杯。③彭殇：彭，彭祖，古代传说中的长寿之人。殇，夭折，未成年而死。

【译文】

永和九年（353年），是癸丑之年，三月初，我们会集在会稽郡山北的兰亭，是为了进行修禊的祭礼。很多贤士都会聚到这里，年少的和年长的都聚集在这里。兰亭这个地方有高大陡峻的山岭、茂盛的树林和高高的竹子，又有清澈而湍急的溪流，像衣带一样环绕在亭子的四周，我们引来作为流觞的曲水，按顺序列坐在曲水旁边，虽然没有丝竹管弦等乐器演奏的盛况，但喝酒吟诗，也足以让人畅快叙述内心深处的感情了。这一天，天气晴朗，空气清新，柔和的风和暖畅快，向上看，天空广大无边，向下看，地上的事物种类繁

多，纵目四望，感心胸开阔，足够用来极尽视听的欢娱，实在是很快乐。

人们彼此交往，很短的时间便度过一生。有的人在室内畅谈自己的志趣抱负；有的人就着自己所爱好的事物，寄托情怀，不受任何拘束。虽然爱好千差万别，安静与躁动各不相同，但当他们对所接触到的事物感到高兴时，自己想要的东西暂时得到了，感到高兴和满足，竟然不觉得老年将要到来。等到对那些所得到的东西已经厌倦，感情随着事物的变迁而变迁，感慨便随之产生。过去感到高兴的东西，一瞬间就成为旧的事迹，尚且不能不因为它引起心中的感触，何况寿命长短，听凭造化，最终必定都会消亡。古人说："死生也是件大事啊。"怎么能不让人伤痛呢?

每当了解古人生发感慨的原因，其缘由如果和我所感慨的像一张符契那样相和，总难免要在读他们的文章时感叹悲伤，却不能在心中明白。因此知道把生死等同的说法是不真实的，把长寿和短命等同起来的说法是不真实的。后人看待我们现在，也就像我们现在看待古人，可悲呀。所以我一个一个记下当时参与聚会的人，抄录下他们所作的诗篇。即使时代变了，一切都不同了，但之所以兴发感慨，是因为人们的兴致是一样的。后世的读者，也必将会有所感慨于这次集会的诗文。

【作者简介】

王羲之（303—361），字逸少，中国东晋书法家，有"书圣"之称。他在书法艺术史上成就斐然、影响巨大，被后人誉为"古今之冠"。《兰亭集序》就是体现他书法技艺与文学才能交相辉映的杰作。

归去来兮辞

陶渊明

【题解】

《归去来兮辞》是晋代著名隐士陶渊明的代表作。本篇以平易的口吻自问自答。从世俗像牢笼一样拘束了人的内心入手，通过对田园闲适美好生活的细致刻画，抒发了作者希望寄情山水、归隐田园的超然情怀。

【原文】

归去来兮，田园将芜，胡不归！既自以心为形役，奚惆怅而独悲？悟已往之不谏，知来者之可追。实迷途其未远，觉今是而昨非。舟摇摇以轻扬，风飘飘而吹衣。问征夫以前路，恨晨光之熹微。

乃瞻衡宇①，载欣载奔。僮仆欢迎，稚子候门。三径②就荒，松菊犹存。携幼入室，有酒盈樽。引壶觞以自酌，眄庭柯以怡颜。倚南窗以寄傲，审容膝之易安。园日涉以成趣，门虽设而常关。策扶老以流憩③，时矫首而遐观。云无心以出岫，鸟倦飞而知还。景翳翳以将入，抚孤松而盘桓。

归去来兮，请息交以绝游。世与我而相遗，复驾言兮焉求？悦亲戚之情话，乐琴书以消忧。农人告余以春及，将有事于西畴。或命巾车，或棹孤舟。既窈窕以寻壑，亦崎岖而经丘。木欣欣以向荣，泉涓涓而始流。善万物之得时，感吾生之行休。

已矣乎！寓形④宇内复几时！曷不委心任去留？胡为遑遑欲何之？富贵非吾愿，帝乡不可期。怀良辰以孤往，或植杖而耘耔。登东皋以舒啸，临清流而赋诗。聊乘化以归尽，乐夫天命复奚疑！

【注释】

①衡宇：用横木做门的房子，形容屋子简陋。②三径：相传汉代蒋诩归隐后，只在房前开出三条小路，与两个隐士相往来。“三径”因此成了隐逸生活的象征。③策扶老以流憩（qì）：策，拄着。扶老，拐杖。流憩，周游，休息。④寓形：寄身于。寓，寄托，住在。形，形体。

【译文】

归去吧！田园将要荒芜了，怎么还不回去呢？已经让自己的心灵受到形体的奴役，为什么还要内心失落独自悲伤？我领悟了逝去的已不可挽回，明白了未来的还可以追求。其实走入迷途还不算遥远，我觉察到现在的正确和昔日的错误。小船在水中轻轻地摇荡，微风吹起了我的衣衫，向行人询问前方的道路，只恨晨光还是这样微弱迷离。

我望见简陋的小屋，高兴地往前奔跑。童仆欢喜地来迎接，小儿子守候在家门口。隐居的小路将要荒芜，园中的松菊却仍然保存。我拉着幼儿走进内室，有一个盛满了酒的酒壶。我拿过酒壶酒杯自斟自饮，看着庭院里的树让我开颜。倚靠着南窗来寄托着我的傲世情怀，觉得处在这小小的容膝之地反而容易心安。每日里在园子里散步自成乐趣，虽然设有园门却常常闭着。拄着手杖悠闲漫步，随处休息，不时地抬起头来向远处闲看。云气自然地从山中飘出，鸟儿飞倦了也知道返回。日光渐暗太阳将要落下山去了，我抚摸着孤松流连忘返。

回去吧！请让我断绝与外人的交游。既然世俗与我互相违背，我还要驾车出游来求取什么？为亲戚间说说知心话而欢悦，抚琴读书来消解忧愁。农人们告诉我春天来到，将要到西边的田地耕耘。有的人驾着篷布小车，有的人划着一叶小舟。有时沿着幽深曲折的溪水探寻山谷，有时循着崎岖不平的小路走过山丘。树木生机勃勃地渐渐生长，泉水细细地开始淌流。真羡慕万物得逢天时，我感叹自己的一生将要到达了尽头。

算了吧！寄身于天地间还会有多少日子，何不听任自我的心愿决定去留？为什么还要惶惶不安想去哪里呢？富贵不是我想要的，缥缈仙境也不可预期。且趁着大好时光独自走走，或者将手杖插在田边去耕作。登上东边的高岗放声长啸，面对清清的流水吟诵诗歌。姑且随着大自然的变化走到生命的尽头，乐天安命还有什么值得怀疑！

【作者简介】

陶渊明（约365—427），名潜，字元亮，号五柳先生，浔阳柴桑人。他出生于一个没落的官宦家庭，早年曾任江州祭酒、彭泽县令等职。在四十岁那年他辞去官职，归隐田园。陶渊明的诗和辞赋散文在艺术上具有独特的风格和极高的造诣，他开创了田园诗这一体裁，为古典诗歌开辟了新的境界。陶渊明的作品平淡自然，淳朴真挚，广泛影响了唐代诗歌创作。

五柳先生传

陶渊明

【题解】

本篇是陶渊明托言为五柳先生写的传记，其实是写他自己。文章采取了正史纪传体的形式，但重在表现生活情趣。陶渊明以简洁逸趣的语言，表达了自己不同流俗、清高洒脱、怡然自得、安贫乐道的品质。

【原文】

先生不知何许[①]人也，亦不详[②]其姓字，宅边有五柳树，因以为号焉。闲静少言，不慕荣利。好读书，不求甚解，每有会意，便欣然忘食。性[③]嗜酒，家贫不能常得。亲旧知其如此，或置酒而招之；造饮辄尽[④]，期在必醉。既醉而退，曾不吝情去留。环堵[⑤]萧然，不蔽风日；短褐穿结，箪瓢[⑥]屡空，晏如[⑦]也。常著文章自娱，颇示己志。忘怀得失，以此自终。

赞曰：黔娄有言："不戚戚于贫贱，不汲汲于富贵。"其言兹若人之俦乎？衔觞赋诗，以乐其志，无怀氏[⑧]之民欤？葛天氏之民欤？

【注释】

①何许：何处，哪里的。许，处所。②详：清楚地知道。③性：生性，生来就。④造饮辄（zhé）尽：去喝酒就喝个尽兴。造，往，到。辄，就。⑤环堵：周围都是土墙，形容居室简陋。⑥箪（dān）瓢：箪，盛饭竹器。瓢，舀水的器具。⑦晏如：安然自若的样子。⑧无怀氏：跟"葛天氏"都是传说中的上古帝王。据说那个时代的人民生活安乐，恬淡自足，社会风气淳厚朴实。

【译文】

不知道先生是什么地方的人，也不清楚他的姓和字，因为他住的房子旁边有五棵柳树，就以五柳为号了。五柳先生性格安静，很少说话，也不向往荣华利禄。他喜好读书，只求领会要旨，并不在一字一句上过分追究；每当领会了书中的内容的时候，就会高兴得忘了吃饭。先生天性就喜欢喝酒，却由于家里贫穷不能经常有酒喝。亲戚朋友们了解他这种情况，有时就会摆酒席请他过去；他去喝酒就要喝个尽兴，希望一定要喝醉。喝醉了以后就离开，竟然不会留恋着不肯走。先生简陋的屋子空荡萧条，挡不住寒风，遮蔽不住烈日。他的粗布短衣上打着补丁，盛饭的竹器和饮水的瓢里时常都是空的，而他却还是安然自若，常常以写诗作文章来自己娱乐，很能表现出自己的志趣。他的心中从来不会在意得失，并用这种心态过完自己的一生。

赞语说：黔娄的妻子曾经说过："不为没有财富和地位而担忧，不为想得到钱财和地位而急切。"这话大概就是说五柳先生这一类人的吧？一边喝酒一边作诗，来让自己的志趣快乐，他是无怀氏时期的人呢，还是葛天氏时期的人呢？

谏太宗十思疏

魏徵

【题解】

本篇是初唐时期著名的诤臣魏徵的名作。唐太宗即位初期，由于有隋炀帝因无道而亡国的前车之鉴，因此能励精图治。但是随着社会稳定，唐太宗就逐渐放松了对自己的要求。魏徵以此为忧，于是上疏劝谏。本文围绕"思国之安者，必积其德义"的主旨，规劝唐太宗在政治上要慎始敬终，虚心纳下，赏罚公正；用人时要知人善任；生活上要崇尚节俭，不滥用民力。

【原文】

臣闻求木之长者，必固其根本，欲流之远者，必浚其泉源，思国之安者，必积其德义。源不深而望流之远，根不固而求木之长，德不厚而思国之安，臣虽下愚，知其不可，而况于明哲乎！人君当神器之重①，居域中之大，不念居安思危，戒奢以俭，斯亦伐根以求木茂，塞源而欲流长也。

凡昔元首，承天景命，善始者实繁，克终者盖寡。岂取之易守之难乎？盖在殷忧必竭诚以待下，既得志则纵情以傲物②。竭诚则胡越为一体，傲物则骨肉为行路。虽董之以严刑，振之以威怒，终苟免而不怀仁，貌恭而不心服。怨不在大，可畏惟人。载舟覆舟，所宜深慎。

诚能见可欲则思知足以自戒，将有作则思知止以安人，念高危则思谦冲而自牧，惧满盈则思江海下百川，乐盘游则思三驱以为度，忧懈怠则思慎始而敬终，虑壅蔽③则思虚心以纳下，惧谗邪则思正身以黜恶，恩所加则思无因喜以谬赏，罚所及则思无以怒而滥刑。总此十思，弘兹九得，简能而任之，择善而从之，则智者尽其谋，勇者竭其力，仁者播其惠，信者效其忠。文武并用，垂拱而治。何必劳神苦思，代百司之职役哉！

【注释】

①神器之重：处于皇帝的重要位置。神器，指帝位。古时认为“君权神授”，所以称帝位为“神器”。②傲物：傲视别人。物，这里指人。③虑壅（yōng）蔽：担心（言路）不通而受蒙蔽。壅，堵塞。

【译文】

我听说想要树木长得高大，一定要牢固它的根基；想要泉水流得长远，一定要挖深它的源头；想要让国家能够安定，一定要厚积仁义道德。源头不深却希望泉水流得长远，根基不牢固却想要树木长得高大，仁义道德不深厚却想要国家安定，我虽然愚笨，也知道这是不可能的，更何况陛下这样明智的人呢！国君担负着帝王的重要任务，处于天地间最高的地位，就应该推崇皇权的高峻，永远保持无尽的美善。如果不在安逸的环境中想到可能发生的危难，用节俭来戒除奢侈，这就如同挖断树根来求得树木高大，堵塞源泉而想要泉水流得长远啊。

古代所有的帝王，都担负着上天赋予的重大使命。国君开头做得好的人确实很多，能够坚持到底的却很少，难道是夺取天下容易而守住天下困难吗？凡是处在深重的忧虑之中国君必定能竭尽诚心来对待臣民，一旦成功，就放纵自己的性情，傲慢地对待一切。竭尽诚心，即使是胡越这样敌对的国家，也能结成一体；傲慢地对待别人，就算是骨肉亲属也会成为陌路。即使用严酷的刑罚来监督他们，用声威震慑他们，但结果大家只图苟且免于刑罚而不感激国君的仁德，表面上恭顺而内心里却不诚心服从。臣民对国君的怨恨不在大小，可怕的只是人民；他们像水一样能够负载大船，也能颠覆大船，这是应当深切谨慎对待的。

（国君）如果真的能够做到一见到自己喜好的东西，就想到用知足来警惕自己；将要兴建宫室土木，就想到适可而止来使百姓安宁；想到帝位高且危，就想到要谦虚谨慎并加强自我修养；害怕骄傲自满，就想到要像江海那样能够处于众多河流的下游；快乐地打猎的时候，就想到一年三次田猎为限度；担心自己意志松懈，就想到做事自始至终都要谨慎敬畏；怕自己的耳目被堵塞，就想到虚心接受臣下的意见；担心有谗佞奸邪的人在自己身边，就想到使自身端正才能罢黜奸邪；施加恩泽，就要考虑到不因为一时高兴而奖赏不当；动用刑罚，就要想到不因为一时发怒而滥用刑罚。总括这十件应该深思的事，弘扬这九种德行修养，选拔有能力的人而任用他，选择好的意见而采纳它，那么有智慧的人就能充分施展他们的才谋，勇敢的人就会竭尽他们的力量，仁爱的人就能散播他们的恩惠，诚信的人就能报效他们的忠诚。文臣武将都能够人尽其才，皇上垂着衣服双手合抱就能很轻松地治理好天下。何必劳神费思，代替臣下做他们的职事呢。

【作者简介】

魏徵（580—643），字玄成。唐朝政治家。曾任谏议大夫、左光禄大夫，以直谏敢言著称，是中国历史上最负盛名的谏臣。他不畏权贵，刚直不阿，敢于冒死进献忠言，被唐太宗比作一面可以纠正自己错误的明镜。

滕王阁序

王勃

【题解】

本篇是初唐诗人王勃往交趾省亲时路过洪州，恰逢都督阎公在滕王阁上大宴宾客，在宴会上挥毫创作的。全文以缜密的构思，从写滕王阁人杰地灵、主人尊贵、客人雅致入手，到登上高阁眺望山川的壮美，再到正面描写宴会，引出人生偶合的感触，最后自叙遭际，抒发了感慨古今之情。

【原文】

南昌故郡，洪都新府。星分翼、轸，地接衡、庐。襟三江而带五湖，控蛮荆而引瓯越。物华天宝，龙光射牛斗之墟；人杰地灵，徐孺下陈蕃之榻[①]。雄州雾列，俊彩星驰。台隍枕夷夏之交，宾主尽东南之美。都督阎公之雅望，棨戟遥临；宇文新州之懿范，襜帷[②]暂驻。十旬休暇，胜友如云。千里逢迎，高朋满座。腾蛟起凤，孟学士之词宗；紫电清霜，王将军之武库。家君作宰，路出名区，童子何知，躬逢胜饯。

时维九月，序属三秋。潦水[③]尽而寒潭清，烟光凝而暮山紫。俨骖騑[④]于上路，访风景于崇阿。临帝子之长洲，得仙人之旧馆。层峦耸翠，上出重霄；飞阁流丹，下临无地。鹤汀凫渚[⑤]，穷岛屿之萦回；桂殿兰宫，列冈峦之体势。披绣闼，俯雕甍[⑥]，山原旷其盈视，川泽盱其骇瞩。闾阎扑地，钟鸣鼎食之家；舸舰迷津，青雀黄龙之轴。虹销雨霁，彩彻云衢。落霞与孤鹜[⑦]齐飞，秋水共长天一色。渔舟唱晚，响穷彭蠡之滨，雁阵惊寒，声断衡阳之浦。

遥吟俯畅，逸兴遄飞[⑧]。爽籁发而清风生，纤歌凝而白云遏。睢园[⑨]绿竹，气凌彭泽之樽；邺水朱华，光照临川之笔。四美具，二难并。穷睇眄[⑩]于中天，极娱游于暇日。天高地迥，觉宇宙之无穷；兴尽悲来，识盈虚之有数。望长安于日下，指吴会于云间。地势极而南溟深，天柱高而北辰远。关山难越，谁悲失路之人？萍水相逢，尽是他乡之客。怀帝阍[⑪]而不见，奉宣室以何年？

呜呼！时运不齐，命途多舛。冯唐易老，李广难封。屈贾谊于长沙，非无圣主；窜梁鸿于海曲，岂乏明时？所赖君子安贫，达人知命。老当益壮，宁知白首之心；穷且益坚，不坠青云之志。酌贪泉而觉爽，处涸辙[⑫]以犹欢。北海虽赊，扶摇可接；东隅已逝，桑榆非晚。孟尝高洁，空怀报国之心；阮籍猖狂，岂效穷途之哭？

勃，三尺微命，一介书生。无路请缨，等终军之弱冠；有怀投笔，慕宗悫[⑬]之长风。舍簪笏[⑭]于百龄，奉晨昏于万里。非谢家之宝树，接孟氏之芳邻。他日趋庭，叨陪鲤对；今晨捧袂，喜托龙门。杨意不逢，抚凌云而自惜，锺期既遇，奏流水以何惭？

呜呼！胜地不常，盛筵难再。兰亭已矣，梓泽丘墟。临别赠言，幸承恩于伟饯；登高作赋，是所望于群公！敢竭鄙诚，恭疏短引。一言均赋，四韵俱成。

滕王高阁临江渚，佩玉鸣鸾罢歌舞。
画栋朝飞南浦云，朱帘暮卷西山雨。
闲云潭影日悠悠，物换星移几度秋。
阁中帝子今何在？槛外长江空自流。

【注释】

①徐孺下陈蕃之榻：徐孺是东汉时豫章的名士，德行被人敬仰。陈蕃是豫章太守，不喜接待宾客，却独独为徐孺设了一榻，等徐离去后就将榻挂起不用。②襜（chān）帷：车上的帷幕，借指车架。③潦（lǎo）水：雨后的积水。④俨骖（cān）骓（fēi）：俨，整齐的样子。骖骓，指驾车的马。⑤凫（fú）渚：野鸭聚集的小洲。⑥披绣闼（tà），俯雕甍（méng）：绣闼，绘有华美图纹的门。雕甍，雕饰的屋脊。⑦骛（wù）：野鸭。⑧逸兴遄（chuán）飞：逸兴，超逸豪放的兴致。遄，迅速。⑨睢（suī）园：汉梁孝王刘武的园子，刘武曾在这里聚集文士饮酒赋诗。⑩穷睇（dì）眄（miǎn）：极目远望。⑪帝阍（hūn）：天帝的守门人，文中指代朝廷。⑫涸（hé）辙：干涸的车辙，比喻穷困的遭遇。⑬宗悫（què）：南朝宋人，少年时向叔父表示要“乘长风破万里浪”。⑭簪笏（hù）：古代官员用的冠簪、手版，这里代指官职。

【译文】

南昌过去是豫章郡的治所，如今是新的洪州的都督府，天上的方位在翼、轸两星宿的分野，地上的位置连接着衡山和庐山。以三江为衣襟，以五湖为衣带，控制着荆楚，连接着瓯越。这里有物类的精华和天然的宝物，宝剑的光芒直冲上牛、斗二星所在之处。这里人才辈出，地域灵秀，陈蕃专为徐孺设下睡榻。宏伟的州群像云雾一般罗列开来，英俊博学的人才像繁星一样活跃。城池占据着夷夏交界的地方，宾客与主人，汇集了东南地区的英俊人才。阎都督，享有很崇高的名望，从远道赶来；宇文新州，有美好的道德风范，赴任途中特意在此暂留。正好赶上十日休假的日子，杰出的友人像云一样多，不远千里来到这里相逢，使这里坐满了高贵的宾客。蛟龙腾空，凤凰飞舞，就像孟学士是众人仰望的文章宗匠；紫电、清霜这样的宝剑，都在王将军的武库里。由于父亲在做官，我在探亲途中经过了这个著名的地方。我年幼无知，竟然有幸亲身参加了这次盛大的宴会。

当时是农历九月，四序里是秋天的第三个月。积水消尽，潭水清澈，淡淡的云烟凝结在天空中，暮色中的山峦呈现出一片紫色。在高高的山路上整齐地排列着马车，在崇山峻岭中访求美好的风景。来到古时帝子所在的长洲，发现了旧时仙人所住的房子。这里山峦重叠、山峰青翠，向上耸入云霄；凌空的楼阁、红色的阁道，犹如飞翔在天空，从阁上望不到地面；白鹤、野鸭停栖的小洲，极尽岛屿纡曲回环的形势，桂树与木兰建成的宫殿，高低起伏像一个个山冈一样。推开有华美图案的阁门，俯视彩装雕饰的屋脊，山峰平原都在视野里，河流的曲折令人惊讶。遍地是里巷宅舍，有许多钟鸣鼎食的富贵人家。渡口停满舸舰，尽是雕上了青雀黄龙花纹的大船。正值雨过天晴，云雾散去，虹彩消退，阳光朗煦，落霞好像和野鸭一起在飞翔，秋水和长天连成一片颜色。傍晚渔舟里传出的歌声，响彻彭蠡湖畔，雁群感到寒意而发出的惊叫，回荡在衡阳的水边。

放眼遥望，胸襟刚感到舒畅，超逸的兴致就立即兴起，美妙的音乐引来徐徐清风，柔缓的歌声引来飘动的白云。像睢园竹林里的聚会，这里善饮的人，酒量凌驾彭泽县令陶渊明，像邺水咏赞莲花，这里诗人的文笔，胜过临川内史谢灵运。音乐、饮食、文章、言语这四种美好的事物都已齐备，贤主、嘉宾这两个难得的条件也聚到一起，向天空中极目盼顾，在假日里尽情欢娱玩耍。苍天高远、大地寥廓，让人感到宇宙的浩渺无穷无尽。欢乐逝去，悲哀袭来，我明白了事物的兴衰成败是命中注定的。望见长安沉到夕阳下，看见吴郡隐现在云雾里，大陆已到了尽头，南海深不可测，天柱高不可攀，北极星又是那么遥远。关山重重难以翻越，有谁会同情不得志的人？因为偶然的相遇而聚在一起，大家都是异乡的人。怀念着君王的宫门，但不被召见，什么时候才能够去侍奉君王呢？

哎，时机命运不好，人生的命运有很多坎坷。冯唐容易老去，李广难以封侯。贾谊屈才被贬到长沙，并不是没有圣明的君主；梁鸿逃窜到齐鲁海滨，难道不是政治昌明的时代？只不过由于君子能安于贫贱，通达的人知道自己的命运罢了。年纪虽然老了，但志气应当更加旺盛，怎能在头发白了以后改变志向？境遇虽然困苦，但情操应当更加坚定，决不能放弃自己的凌云壮志。即使喝了贪泉的泉水，心境仍然清爽廉洁；即使身处于干涸的车辙中，胸怀仍然开朗愉快。北海虽然十分遥远，乘着旋风还是能够达到；早晨虽然已经过去，而珍惜黄昏还为时不晚。孟尝心地高洁，但空怀报国的热情；阮籍为人放纵不羁，我们怎能学他那种走到尽头就哭泣的行为！

我地位卑微，只是一个书生。无处去请缨杀敌，虽然已经和终军一样年纪了。我也有投笔从戎的志向，羡慕宗悫那种“乘长风破万里浪”的英雄气概。如今我抛弃了一生的功名，不远万里去服侍我的父亲。我虽然称不上是谢家的“宝树”，但能和贤德之士相交往。不久我将见到父亲，聆听他的教诲。今天我侥幸地奉陪各位长者，高兴地登上高堂。假如碰不上杨得意那样引荐的人，司马相如就只有抚拍着自己的文章而自我感叹。既然已经遇到了锺子期，就弹奏一曲《流水》又有什么羞愧呢?

唉！名胜之地不能永远存在，盛大的宴会难以再次遇见。兰亭宴集已成为过去，石崇的梓泽也变成了废墟。承蒙这个宴会给我的恩赐，让我临别时作了这一篇序文，至于登高赋诗，这只有指望在座诸公了。我只能冒昧地尽我微薄的心意，作短短的引言。我的四韵八句已经完成，在座诸位请按各自分到的韵字赋诗。

巍峨高耸的滕王阁俯挨着江心的沙洲，佩玉、鸾铃鸣响的豪华歌舞都已经停止了。

早晨，画栋飞上了南浦的云；黄昏，珠帘之中卷入了西山的雨。

悠闲的彩云影子倒映在江水中，整天悠悠然地漂浮着；时光易逝，人事变迁，不知已经度过多少个春秋。

昔日游赏于高阁中的帝子如今已不知哪里去了，只有那栏杆外的滔滔长江水空自向远方奔流。

【作者简介】

王勃（650—676），字子安，初唐诗人。他与杨炯、卢照邻、骆宾王合称“初唐四杰”。王勃的诗文风骨苍劲，是初唐时期促使文坛风气摆脱六朝靡靡之音的重要人物。

春夜宴桃李园序

李白

【题解】

本篇是李白与堂弟们春夜时在小园中宴会吟诗，为之所写的序文。文章以清俊畅达的笔调，记叙了作者与诸堂弟聚会赋诗畅叙天伦一事，慷慨激昂地表达了作者对生活的热爱，对明天的美好憧憬以及对人生积极乐观的态度。

【原文】

夫天地者，万物之逆旅，光阴者，百代[①]之过客。而浮生若梦，为欢几何？古人秉烛夜游，良有以也。况阳春召我以烟景，大块假我以文章[②]。会桃李之芳园，序天伦之乐事。群季俊秀，皆为惠连[③]；吾人咏歌，独惭康乐[④]。幽赏未已，高谈转清。开琼筵以坐花，飞羽觞而醉月。不有佳作，何伸雅怀？如诗不成，罚依金谷酒数[⑤]。

【注释】

①百代：一百个朝代，代指古往今来。②大块假我以文章：大块，大地。假，借，这里是提供、赐予的意思。文章，这里指绚丽的色彩。③惠连：谢惠连，南朝诗人，早慧。这里以惠连来称赞诸弟的文才。④康乐：南朝刘宋时山水诗人谢灵运，袭封康乐公，世称谢康乐。⑤金谷酒数：金谷，园名，晋石崇于金谷涧（在今河南洛阳西北）中所筑，他常在这里宴请宾客。其《金谷诗序》："遂各赋诗，以叙中怀，或不能者，罚酒三斗。"后泛指宴会上罚酒三杯的常例。

【译文】

所谓天地，是万物的旅店，时间，是历史的过客，而人生就像一场梦，梦里欢乐的时光又能有多少呢！古人夜间拿着蜡烛游玩实在是有道理啊，况且温暖的春天用艳丽景色召唤我，大自然把各种美好的色彩赐予我，相聚在种有桃花的花园中，畅叙兄弟之间快乐的往事。弟弟们英俊优秀，个个都有如谢惠连那样的才情，而我作诗吟咏，却惭愧比不上谢灵运。清雅的赏玩还没有结束，高谈阔论又转向清言雅语。摆开盛宴来坐赏名花，快速地传递着酒杯，醉倒在月光中，没有好诗，怎么去抒发高雅的情怀？倘若有人作诗不成，就要罚酒三杯。

【作者简介】

李白（701—762），字太白，号青莲居士，唐朝诗人。李白是中国历史上最杰出的浪漫主义诗人，他的作品天马行空，浪漫奔放，意境奇异，才华横溢；诗句如行云流水，宛若天成。

吊古战场文

李华

【题解】

开元后期，唐玄宗变得奢侈昏庸，好大喜功，唐朝将领也经常背信弃义，用阴谋挑起对边境少数民族的战争来邀功请赏。这些行为导致当时战祸不断，士兵伤亡惨重。《吊古战场文》由此而来。李华巧妙地以凭吊古战场起兴，实际是主张实行王道，以仁德礼义服人，寓意深切地对唐王朝的穷兵黩武给予了警示。

【原文】

浩浩乎平沙无垠，夐[①]不见人。河水萦带，群山纠纷。黯兮惨悴，风悲日曛。蓬断草枯，凛若霜晨。鸟飞不下，兽铤亡群。亭长告余曰：“此古战场也，常覆三军。往往鬼哭，天阴则闻。”伤心哉！秦欤？汉欤？将近代欤？

吾闻夫齐、魏徭戍，荆、韩召募。万里奔走，连年暴露。沙草晨牧，河冰夜渡。地阔天长，不知归路。寄身锋刃，腷臆[②]谁诉？秦、汉而还，多事四夷，中州耗斁[③]，无世无之。古称戎、夏，不抗王师。文教失宣，武臣用奇。奇兵有异于仁义，王道迂阔而莫为。

呜呼噫嘻！吾想夫北风振漠，胡兵伺便。主将骄敌，期门受战。野竖旄旗，川回组练[④]。法重心骇，威尊命贱。利镞穿骨，惊沙入面，主客相搏，山川震眩。声析江河，势崩雷电。至若穷阴凝闭，凛冽海隅，积雪没胫，坚冰在须。鸷鸟休巢，征马踟蹰。缯纩[⑤]无温，堕指裂肤。当此苦寒，天假强胡，凭陵杀气，以相剪屠。径截辎重，横攻士卒。都尉新降，将军覆没。尸填巨港之岸，血满长城之窟。无贵无贱，同为枯骨。可胜言哉！鼓衰兮力尽，矢竭兮弦绝，白刃交兮宝刀折，两军蹙兮生死决。降矣哉？终身夷狄；战矣哉？骨暴沙砾。鸟无声兮山寂寂，夜正长兮风淅淅。魂魄结兮天沉沉，鬼神聚兮云幂幂。日光寒兮草短，月色苦兮霜白。伤心惨目，有如是耶？

吾闻之：牧用赵卒，大破林胡，开地千里，遁逃匈奴。汉倾天下，财殚力痡。任人而已，其在多乎？周逐猃狁[⑥]，北至太原。既城朔方，全师而还。饮至策勋，和乐且闲。穆穆棣棣，君臣之间。秦起长城，竟海为关。荼毒生灵，万里朱殷。汉击匈奴，虽得阴山，枕骸遍野，功不补患。

苍苍蒸民，谁无父母？提携捧负，畏其不寿。谁无兄弟？如足如手。谁无夫妇？如宾如友。生也何恩，杀之何咎？其存其没，家莫闻知。人或有言，将信将疑。悁悁心目，寝寐见之。布奠倾觞，哭望天涯。天地为愁，草木凄悲。吊祭不至，精魂何依？必有凶年，人其流离。呜呼噫嘻！时耶？命耶？从古如斯。为之奈何？守在四夷⑦。

【注释】

①敻（xiòng）：远。②愊（bì）臆：心情苦闷。③耗斁（dù）：损耗败坏。④组练：即“组甲被练”，战士的衣甲服装。此代指战士。⑤缯（zēng）纩（kuàng）：缯，丝织品的总称。纩，棉絮。⑥猃（xiǎn）狁（yǔn）：少数民族，匈奴前身。⑦守在四夷：语出《左传》昭公二十三年：“古者天子，守在四夷。”

【译文】

广大辽阔的旷野没有边际，极目远望看不见人影。河水弯曲得像衣带一般，远处无数的山脉交错在一起。昏暗啊凄凉，风声悲伤，日色昏黄，蓬蒿折断，野草枯黄，寒冷得就像有霜的早晨。鸟儿飞过也不肯落下，离群的野兽狂奔而过。亭长告诉我说：“这儿就是古代的战场，曾经全军覆没，经常有鬼哭的声音，每逢阴天就会听到。”真令人伤心啊！这是秦朝、汉朝的事情，还是近代的事情呢？

我听说战国时期，齐魏征集壮丁服役戍守边疆，楚韩招募兵员备战。士兵们奔走在万里边疆，连续多年暴露在外，早晨寻找沙漠中的草来放牧，夜晚河水结冰时渡过河流。大地广阔，苍天高远，不知道哪里是归乡的道路。性命寄托于刀锋之间，向谁倾诉这苦闷的心情？自秦汉以来，四方边境上战争繁多，致使中原地区多损耗和破坏，没有哪个时期不曾发生。古人说，蛮夷和中原，都不和帝王的军队为敌；后来礼乐教化得不到宣扬，武将们就开始使用奇兵诡计。奇兵不符合仁义道德，王道则被认为迂腐不切实际，谁也不去实行。

唉！我想象那北风摇撼着沙漠，胡兵乘机来偷袭。主将骄傲轻敌，敌兵已到军营大门才仓促应战。原野上竖起各种旗帜，河谷地奔驰着全副武装的战士。严峻的军法使人心中胆寒，当官的威权尊贵，士兵的性命卑微低贱。锋利的箭头穿透骨头，狂风吹动的沙粒直扑人面。敌我两军进行激烈的搏斗，山川也被战争震得头昏眼花。声势之大，足以分裂江河，崩裂雷电。何况正值极寒的冬季，空气凝结，天地闭塞，在寒气凛冽的翰海边上，积雪盖没过小腿，坚冰冻结住胡须。凶猛的鸷鸟也躲在巢里休息，惯战的军马也徘徊不前。棉衣毫不温暖，人冻得手指掉落，肌肤裂开。在这苦寒的时候，老天假借强大的胡人之手，凭仗寒冬的肃杀之气，来斩伐屠杀我们的士兵，半途中截取军用物资，拦腰冲断我军士兵队伍。都尉刚刚请降，将军又战死了。尸体倒在大港沿岸，鲜血淌满了长城下的洞窟。无论是高贵或是卑贱，都同样成为枯骨。这种悲惨怎能用言语表达！鼓声微弱了，战士已经精疲力竭；箭矢已射完了啊，弓弦也都断了。白刃相交去肉搏啊，宝刀也已经折断。两军逼近了，要以生死相决。投降吧？终生将身陷于异族；战斗吧？尸骨将暴露于沙砾之中！鸟儿也不鸣叫啊群山沉寂，漫漫长夜啊寒风淅淅，阴魂凝结啊天色阴沉，鬼神聚集啊阴云浓密。日光也寒冷啊映照着短草，月色凄苦啊像笼罩着白霜。人间还有像这样令人伤心惨目的景况吗？

我听说过，李牧统领赵国的士兵，大破林胡的入侵，开辟了千里疆土，匈奴望风远遁。而汉朝倾尽全国的力量和匈奴作战，反而用尽了财产，力量削弱。由此可知关键是要任人得当，哪在于兵多国家大呢！周朝驱逐猃狁的时候，一直往北追到太原，在北方筑城防御之后回到京师，全军凯旋，在宗庙举行祭祀和宴饮，记功授爵，大家和睦愉快而且安适。君臣之间，端庄恭敬，文雅安闲。而秦朝修筑的长城，直到海边都有关塞，残害了无数的人民，万里大地被鲜血染成了赤黑；汉朝出兵攻打匈奴，虽然占领了阴山，但阵亡将士骸骨遍野，互相枕藉，所取得的功绩实在抵不过带来的祸患。

苍天下众多的人民，谁能没有父母？从小照顾扶持，抱着背着，唯恐他们夭折。谁没有如手如足般亲近的兄弟？谁没有如宾如友般相敬的妻子？他们活着又受过什么恩惠？犯了什么罪过要遭到杀害？他们或生或死，家中的人都没有办法知道；即使听到有人传讯，也是半信半疑。整日忧愁郁闷，夜间音容入梦。不得已只能摆好祭品，洒酒祭奠，望远痛哭。天地为之哀愁，草木也凄凉悲伤。这样不明不白的吊祭，不能为死者的灵魂所感知，他们的精魂也无所归依。何况战争之后，一定会出现灾荒，人民难免流离失所。唉！这是时势造成，还是命运招致的呢？从古以来就是这个样子！怎样才能避免战争呢？唯有宣扬教化，施行仁义，才能使四方民族为天子守卫疆土啊。

【作者简介】

李华（715—774），字遐叔，唐代散文家、诗人。作为著名散文家，李华与萧颖士齐名，世称“萧李”。并与萧颖士、颜真卿等共倡古义，开启了韩柳古文运动的先河。

陋室铭

刘禹锡

【题解】

《陋室铭》是一篇托物言志的铭文，它以单纯简练的语调，在清新平淡中充满了哲理和韵味。表现了作者刘禹锡高洁傲岸、旷世超然的情怀。

【原文】

山不在高，有仙则名。水不在深，有龙则灵。斯是陋室，唯吾德馨。苔痕上阶绿，草色入帘青。谈笑有鸿儒，往来无白丁。可以调素琴，阅金经①。无丝竹之乱耳，无案牍之劳形。南阳诸葛庐，西蜀子云亭。孔子云："何陋之有？"②

【注释】

①金经：现今学术界仍存在争议，有学者认为是指《金刚经》；也有人认为是装饰精美的古典经书，即《诗》《书》《礼》《易》《乐》《春秋》。 ②"孔子云"句：出自《论语·子罕》："君子居之，何陋之有？"

【译文】

山不在于有多高，只要有了仙人就会有名声；水不在于有多深，只要有了蛟龙就会有灵气。这是间简陋的屋子，只是我的品德高尚。苔藓绿色的痕迹蔓延到台阶上，小草青葱的颜色映入了竹帘里。与我谈笑的都是博学的人，来往的没有无知的人。可以弹奏不加装饰的古琴，阅读精美修饰的经文。没有嘈杂的音乐侵扰双耳，没有官府的公文使身体劳累，如同南阳诸葛亮的草庐，西蜀扬子云的亭子。孔子说："又有什么简陋的呢？"

【作者简介】

刘禹锡（772—842），字梦得，河南洛阳人。他与韩愈、柳宗元、白居易、元稹等处在同一时代，是中唐的代表诗人之一。白居易称他为"诗豪"，相当推崇。刘禹锡热爱生活，关注民生，具有高洁的品格和不屈的斗争精神。

阿房宫赋

杜牧

【题解】

《阿房宫赋》写于唐敬宗宝历元年（825年），当时杜牧二十三岁。敬宗十六岁即位，昏庸无能，荒淫无度，闹得朝野不宁，天下乱象渐生。在这种环境下，杜牧写下《阿房宫赋》。他用哀婉和叹息的口吻，通过描写阿房宫昔日的富丽堂皇和付之一炬后的凄楚，暗含了对穷奢极欲的最高统治者的劝谏。

【原文】

六王毕，四海一，蜀山兀，阿房出。覆压三百余里，隔离天日。骊山[①]北构而西折，直走咸阳。二川溶溶，流入宫墙。五步一楼，十步一阁；廊腰缦回，檐牙高啄；各抱地势，钩心斗角。盘盘焉，囷囷[②]焉，蜂房水涡，矗[③]不知其几千万落。长桥卧波，未云何龙？复道行空，不霁[④]何虹？高低冥迷，不知西东。歌台暖响，春光融融；舞殿冷袖，风雨凄凄。一日之内，一宫之间，而气候不齐。

妃嫔媵嫱[⑤]，王子皇孙，辞楼下殿，辇[⑥]来于秦，朝歌夜弦，为秦宫人。明星荧荧，开妆镜也；绿云扰扰，梳晓鬟也；渭流涨腻，弃脂水也；烟斜雾横，焚椒兰也。雷霆乍惊，宫车过也；辘辘远听，杳不知其所之也。一肌一容，尽态极妍，缦立远视，而望幸焉。有不得见者，三十六年。

燕、赵之收藏，韩、魏之经营，齐、楚之精英，几世几年，剽[⑦]掠其人，倚叠如山。一旦不能有，输来其间。鼎铛[⑧]玉石，金块珠砾，弃掷逦迤，秦人视之，亦不甚惜。嗟乎！一人之心，千万人之心也。秦爱纷奢，人亦念其家。奈何取之尽锱铢，用之如泥沙？使负栋之柱，多于南亩之农夫；架梁之椽，多于机上之工女；钉头磷磷，多于在庾[⑨]之粟粒；瓦缝参差，多于周身之帛缕；直栏横槛[⑩]，多于九土之城郭；管弦呕哑，多于市人之言语。使天下之人，不敢言而敢怒。独夫之心，日益骄固。戍卒叫，函谷举，楚人一炬，可怜焦土。

呜呼！灭六国者六国也，非秦也；族秦者秦也，非天下也。嗟乎！使六国各爱其人，则足以拒秦；使秦复爱六国之人，则递三世可至万世而为君，谁得而族灭也？秦人不暇自哀，而后人哀之；后人哀之而不鉴之，亦使后人而复哀后人也。

【注释】

①骊（lí）山：又称“郦山”。是秦岭北侧的一个支脉。②囷（qūn）：屈曲的样子。③矗（chù）：形容建筑物耸立的样子。④霁（jì）：形容雨过天晴。⑤媵（yìng）嫱（qiáng）：媵，陪嫁的侍女。嫱，古代宫里的女官。⑥辇（niǎn）：乘着辇车。⑦剽（piāo）：抢劫，掠夺。⑧铛（chēng）：平底的浅锅。⑨庾（yǔ）：露天的谷仓。⑩槛（jiàn）：门下的横木。

【译文】

六国破灭，四海归一。蜀山因树木被伐光而显得光秃秃的，阿房宫才平地而起。它连绵三百多里，楼阁高耸，遮天蔽日。从骊山向北修建，再往西转，一直延伸到咸阳。渭水和樊水浩浩荡荡，蜿蜒流淌入阿房宫的围墙。每隔五步有一栋楼，每隔十步有一座阁。走廊宽而曲折，屋檐像鸟嘴一样向上翘起。各自依着地势的高下建构，互相环抱，屋角互相对峙。盘旋的、曲折的，像蜂房，像旋涡，矗立着不知有几千万座。天上没有云雾，是哪里来的龙？原来是横卧在渭水上的长桥。现在不是雨过天晴，又哪里来的彩虹？原来是架木筑成的色彩斑斓的通道在楼阁之间横空而过。楼阁随着地势高高低低，使人迷迷糊糊辨不清东西方向。歌声在台子上响起来，充满着暖意，如同春光般融和。挥动着舞袖在殿中舞蹈，又好像带来寒气，如同风雨交加那样凄冷。一天的时间里，一座宫殿之中，天气竟会如此不同。

六国王侯的妃子侍女、王子王孙们，辞别了故国的高楼高阁，走下故都的宫殿，乘着辇车来到秦国。他们日日夜夜歌唱弹琴，成为秦宫的下人。如星星般莹莹闪亮的，是宫女们梳妆用的镜子；像乌云般缭绕的，是她们在梳理发髻；渭水河面上浮起一层垢腻，是她们泼掉的脂粉水；烟雾横斜弥漫，是她们在焚烧椒兰香料。如雷霆般的声音忽然惊起，是宫车隆隆地驰过；听着渐行渐远的车轱辘声，杳然中不知它去了哪里。她们的每一寸肌肤，每一种姿容，都极尽娇媚。一个个身姿曼妙地站着远望，盼望皇帝能亲自驾临，可是许多人等了三十六年也没能见到。

燕、赵收藏的珍宝，韩、魏经营的珠玉，齐楚搜罗的宝贝，这都是经历了多少代多少年，从百姓那里掠夺来的，堆

积成山。旦夕之间便保不住了，都被运送到阿房宫。把宝鼎当作铁锅，把美玉当作石头，把黄金当作土块，把珍珠当作砂砾，随意丢弃，秦人看见了也不太觉得可惜。唉！一个人的想法，也就是千万人的想法。秦王喜爱繁华奢侈，老百姓也顾念自己的家。为什么搜刮老百姓的财物一点也不留下，挥霍时却像泥沙一样丢弃呢？大梁的柱子，比田里的农夫还多；梁上的椽子，比织布机上的女工还多；椽上的钉子，比谷仓里的粟米还多；宫殿上的瓦缝，比百姓衣服上的丝缕还要多；纵横连接的栏杆，比天下的城郭还多；嘈杂纷纭的管弦声，比老百姓的说话声还多。这使得天下的老百姓敢怒而不敢言，那个独裁者的心却越来越骄横顽固。陈胜、吴广揭竿而起，函谷关顿时被攻破，楚国人放了一把火，可叹将阿房宫烧成了焦土！

唉！消灭六国的是六国自己，而不是秦国；消灭秦国的是秦国自己，不是天下。唉！如果六国各自爱惜本国百姓，那么就有足够的力量抵抗秦国。如果秦国爱惜六国的百姓，那么秦国的皇位就能从三世传到一万世，谁能够消灭秦国呢？秦人来不及为自己的灭亡哀叹，只好让后人为他们哀叹；后人如果只是哀叹而不吸取教训，那么又要让更后世的人来哀叹后人了。

【作者简介】

杜牧（803—853），字牧之，号樊川居士，是晚唐著名的诗人和古文家。擅作长篇五言古诗和七律。曾任中书舍人，人称杜紫微。杜牧的诗英发俊爽，在晚唐成就颇高，时人称其为“小杜”，以别于杜甫；又与李商隐齐名，人称“小李杜”。杜牧深受韩愈的古文影响，笔力健举。他认为文章应当注重思想内容，而华丽的辞藻是次要的。

师说

韩愈

【题解】

本篇讲述了韩愈对于老师这一概念的理解。文章以绵密谨慎的论证，表明了不应因地位贵贱或年龄的差别，就不肯向别人虚心学习；又点出无论在当下还是古时候，尊师重道都是读书人应该奉行的信念，批判了当时社会上“耻学于师”的陋习。

【原文】

古之学者必有师。师者，所以传道、受业、解惑也。人非生而知之者，孰能无惑？惑而不从师，其为惑也，终不解矣。生乎吾前，其闻道也固先乎吾，吾从而师之；生乎吾后，其闻道也亦先乎吾，吾从而师之。吾师道也，夫庸知其年之先后生于吾乎？是故无贵无贱，无长无少，道之所存，师之所存也。

嗟乎！师道之不传也久矣！欲人之无惑也难矣！古之圣人，其出人也远矣，犹且从师而问焉；今之众人，其下圣人也亦远矣，而耻学于师。是故圣益圣，愚益愚。圣人之所以为圣，愚人之所以为愚，其皆出于此乎？爱其子，择师而教之；于其身也，则耻师焉，惑矣。彼童子之师，授之书而习其句读者也，非吾所谓传其道、解其惑者也。句读之不知，惑之不解，或师焉，或不焉，小学而大遗[1]，吾未见其明也。巫医、乐师、百工之人，不耻相师。士大夫之族，曰师、曰弟子云者，则群聚而笑之。问之，则曰：“彼与彼年相若也，道相似也。位卑则足羞，官盛则近谀。”呜呼！师道之不复，可知矣。巫医、乐师、百工之人，君子不齿，今其智乃反不能及，其可怪也欤！

圣人无常师。孔子师郯子、苌弘、师襄、老聃。郯子之徒，其贤不及孔子。孔子曰：“三人行，则必有我师。”是故弟子不必不如师，师不必贤于弟子，闻道有先后，术业有专攻，如是而已。

李氏子蟠，年十七，好古文，六艺经传[②]皆通习之，不拘于时，学于余。余嘉其能行古道，作《师说》以贻之。

【注释】

①小学而大遗：小的方面（句读之不知）倒要学习，大的方面（惑之不解）却放弃了。遗，丢弃，放弃。 ②六艺经传：指六经，即《诗》《书》《礼》《易》《乐》《春秋》六部儒家经典。

【译文】

古时候求学的人必定有老师。老师，是传授道理、教授学业、解答疑难问题的人。人不是生下来就懂得知识道理的，谁能没有疑惑？有了困惑却不跟从老师学习，那些成为疑难问题的，就一直不能解决了。在我前面出生的人，他懂得道理本来就比我早，我应该跟从他把他当作老师；在我后面出生的人，如他懂得的道理也早于我，我也应该跟从他把他当作老师。我是向他学习道理啊，哪里需要知道他的年龄是比我大还是比我小呢？因此，无论地位高低贵贱，无论年纪大小，知识道理存在的地方，就有老师存在。

唉，古代从师求学的传统不流传已经很久了，想要人没有疑惑难啊！古代的圣人，他们的才智远远超出一般人，尚且跟从老师请教询问道理；现在的一般人，他们的才智比起圣人相差很远，却耻于向老师学习。因此圣人就更加圣明，愚人就更加愚昧。圣人之所以能成为圣人，愚人之所以成为愚人，大概就是因为这个吧？人们爱自己的孩子，就选择老师来教育他，对于自己呢，却耻于找老师学习，真是错误啊！那些小孩子的老师，教他们读书、断句，同我所说的能传授道理、解决疑惑的老师是两回事。不会断句愿意去找老师请教，不能解决疑惑却不肯找老师请教；这是学习了小的知识，反而放弃了大的方面，我真看不出那种人是聪明的。巫医、乐师和各种工匠这些人，并不以互相学习为耻辱。士大夫这类人，说起老师、弟子的时候，就成群地聚在一起讥笑他。问那些嘲笑者何以如此，就说：“那个人和他年龄相近，修养和学业也差不多，以地位低的人为师，就足以感到羞耻；以官职高的人为师，就近乎谄媚了。”唉！古代那种跟从老师学习的传统不能恢复的原因，从这些话里大概就可以明白了。巫医、乐师和各种工匠这些人，是士大夫们所看不起的，现在他们的见识竟然反而赶不上这些人，真是令人奇怪啊！

圣人没有固定的老师。孔子曾以郯子、苌弘、师襄、老聃等人为师。郯子这些人，他们的贤能都不如孔子。孔子说：“几个人同行，其中一定有人可以当我的老师。”因此学生不一定不如老师，老师也不一定比学生贤能，学习道理有早有晚，学问技艺各有专精的研究，只是如此罢了。

李氏有个孩子叫李蟠，十七岁，喜好古文，六经的经文和传文都普遍地学习过了，他不受时代的限制，向我学习。我赞许他能够履行古人的大道，于是写这篇《师说》来赠送给他。

【作者简介】

韩愈（768—824），字退之，世称韩昌黎。韩愈是唐代古文运动的发起者，他主张“文以载道”，用简洁质朴的语言代替六朝以来骈俪的文风，他的诗文备受后人称颂，被誉为“唐宋八大家”之首。

杂说四

韩愈

【题解】

唐德宗贞元年间，韩愈初登仕途，很不得志。曾经三次上书宰相以求擢用，但结果吃了闭门羹。在这种郁郁不得志的处境下，韩愈感叹自己如同千里马一样，虽然才华横溢，志存高远，却没有伯乐赏识，这篇杂说由此而成。

【原文】

世有伯乐，然后有千里马。千里马常有，而伯乐不常有。故虽有名马，只辱于奴隶人之手，骈死于槽枥之间①，不以千里称也。

马之千里者，一食或尽粟一石。食马者不知其能千里而食也。是马也，虽有千里之能，食不饱，力不足，才美不外见，且欲与常马等不可得，安求其能千里也？

策之不以其道，食之不能尽其材，鸣之而不能通其意，执策而临之。曰：“天下无马。”呜呼！其真无马邪？其真不知马也！

【注释】

①骈（pián）死于槽（cáo）枥（lì）之间：和普通的马一同死

在马厩里。骈，两马并驾。骈死，并列而死。于，在。槽枥，喂牲口用的食器，引申为马厩。

【译文】

世上有了伯乐，然后才会有千里马被发现。千里马经常有，但是伯乐不常见。所以即使有名马，也只会在奴仆手中遭到欺辱，跟普通的马一样死在马厩中，并不能作为千里马名传当世。

那些能够日行千里的马，一顿可能要吃掉一石米。喂马的人不知道它能够日行千里，而像对待普通的马一样喂养它。这匹千里马虽然有日行千里的能力，却因为吃不饱，力气不够，内在的才能和美德不能表现出来。即使想和普通的马一样也不能做到，又怎能要求它日行千里呢？

驾驭千里马却不按照驾驭千里马的方法，喂养千里马却不能满足它的需要，充分发挥它的才能；千里马嘶鸣的时候，又不能懂得它的心意，反而拿着鞭子对着它说："天下没有千里马！"唉，难道真的没有千里马吗？而是人们原本就不会识别千里马啊！

送李愿归盘谷序

韩愈

【题解】

这篇序文写于唐德宗贞元十七年（801年），当时韩愈三十四岁，刚离开徐州幕府到京城谋职。可是，自从贞元八年（792年）中进士以来，在将近十年的时间里，韩愈一直为仕进汲汲奔走，却始终没有得到重用，他的心情十分抑郁。

因此，借送友人李愿归盘谷隐居之机，韩愈写下这篇赠序，抒发了他自己怀才不遇的不平之气。

【原文】

太行之阳有盘谷。盘谷之间，泉甘而土肥，草木丛茂，居民鲜少。或曰：“谓其环两山之间，故曰‘盘’。”或曰：“是谷也，宅幽而势阻，隐者之所盘旋。”友人李愿居之。

愿之言曰：“人之称大丈夫者，我知之矣。利泽施于人，名声昭于时，坐于庙朝，进退百官，而佐天子出令。其在外，则树旗旄[1]，罗弓矢，武夫前呵，从者塞途，供给之人，各执其物，夹道而疾驰。喜有赏，怒有刑。才俊满前，道古今而誉盛德，入耳而不烦。曲眉丰颊，清声而便体，秀外而惠中，飘轻裾，翳长袖，粉白黛绿者，列屋而闲居，妒宠而负恃，争妍而取怜。大丈夫之遇知于天子，用力于当世者之所为也。吾非恶此而逃之，是有命焉，不可幸而致也。

“穷居而野处，升高而望远，坐茂树以终日，濯清泉以自洁。采于山，美可茹；钓于水，鲜可食。起居无时，惟适之安。与其有誉于前，孰若无毁于其后；与其有乐于身，孰若无忧于其心。车服不维，刀锯不加，理乱不知，黜陟不闻。大丈夫不遇于时者之所为也，我则行之。

“伺候于公卿之门，奔走于形势之途，足将进而趑趄[2]，口将言而嗫嚅[3]，处污秽而不羞，触刑辟而诛戮，侥幸于万一，老死而后止者，其于为人贤不肖何如也？”

昌黎韩愈，闻其言而壮之，与之酒而为之歌曰：“盘之中，维子之宫；盘之土，可以稼；盘之泉，可濯可沿；盘之阻，谁争子所？窈而深，廓其有容；缭而曲，如往而复。

嗟盘之乐兮，乐且无央；虎豹远迹兮，蛟龙遁藏；鬼神守护兮，呵禁不祥。饮且食兮寿而康，无不足兮奚所望！膏吾车兮秣吾马，从子于盘兮，终吾生以徜徉。”

【注释】

①旗旄（máo）：旗帜。旄，旗杆上用牦牛尾装饰的旗帜。②趑趄（zī jū）：踌躇不前。③嗫嚅（niè rú）：欲言又止的样子。

【译文】

太行山的南面有个盘谷。盘谷之中，泉水甘甜，土地肥沃，草木茂盛，人烟稀少。有人说：“因为这座山谷在两座山环绕之中，所以叫作‘盘’。”也有人说：“这个山谷，位置幽静而山势险阻，是隐者盘旋遨游的地方。”我的朋友李愿就隐居在这里。

李愿的话是这样说的：“人们称为大丈夫的人，我是最了解的。他们把利益和恩惠赠给了别人，让名望和声誉传播于当世，他们在朝廷上参与政事，任免文武官员，并辅佐皇上发布命令。到了外地，便树起大旗，张开弓箭，武人在前面呼喝开路，侍从占满了道路，供给服侍的仆役，各自拿着物品，在道路两侧飞快奔跑。他们高兴时就赏赐，发怒时就责罚。很多才华出众的人聚集在他们身边，谈古论今地赞扬他们的盛大美德，这些话听起来十分入耳，不会让人感到厌烦。那些美人儿眉毛弯弯，脸庞丰满，声音清脆，体态轻盈，容貌秀丽，天资聪慧，裙裾飘扬，长袖善舞，略施粉黛。她们清闲地在一排排后房中住着，依靠着自己的容貌美丽，妒忌着别的受宠的姬妾，争着比美来求得主人的爱怜。这就是那些受到皇上的赏识，掌握了大权的所谓大丈夫的做法啊！我并非因为厌恶这些而故意躲开，只是这些不是我能

侥幸得到的。

“我穷困地居住在山野中，登高远望，在那茂盛的树下终日闲坐，在清澈的泉水里洗涤身子，保持着我的清洁。从山上采来的果子鲜美可口，从水中钓来的鱼虾鲜嫩好吃。日常的作息没有固定的时候，只要舒服就行了。与其被人当面赞誉，不如在背后不受诋毁；与其身体享受快乐，不如心中没有忧虑。既不受车马礼服的约束，也不受刀斧刑罚的惩处；既不问天下是治是乱，也不管官职是升是降。这些都是不得志之人的所作所为，我就是这样做的。

“在达官显贵门下侍候的人，在通往权位的道路上往来奔走，想要抬脚进门却举棋不定，想要开口说话却支支吾吾。处于卑微污浊中却不知羞耻，触犯了刑法而将要受诛。期望侥幸得到万分之一的机会，老死了之后才知道罢休。这些人在为人方面究竟是好啊还是不好啊！”

韩愈韩昌黎，听了李愿的话认为十分豪迈，给他斟上酒作歌道：“盘谷之中，有您的居所；盘谷的土地，可以种庄稼；盘谷的泉水，可以洗涤身心也可以沿着游览；盘谷这样险阻，有谁来与你争夺住所？盘谷幽静深远，广阔而有包容；山谷回环曲折，像是走了过去又绕了回来。盘谷中的乐趣啊，快乐而无穷无尽。虎豹远离这儿啊，蛟龙也逃遁躲藏。鬼神守卫着啊，呵斥着禁止不祥的东西靠近。吃的喝的都很好，令人长寿又健康，没有不满足的啊，还有什么奢望？给我的车轴涂好油，给我的马匹喂饱饭，我要追随您到盘谷啊，终生在那里遨游。”

柳子厚墓志铭

韩愈

【题解】

韩愈和柳宗元都是唐代古文运动的领导者。他们私交很深，友情笃厚。柳宗元死于元和十四年（819年），韩愈曾写过不少哀悼纪念他的文字，本篇是其中具有代表性的一篇。文章综述了柳宗元的家世、生平、交友、文章，赞扬了柳宗元卓越的政治才能和急朋友之难的美德以及刻苦自励的精神，对他长期迁谪的坎坷遭遇寄予了深深的同情。

【原文】

子厚，讳宗元。七世祖庆，为拓跋魏[①]侍中，封济阴公。曾伯祖奭，为唐宰相，与褚遂良、韩瑗俱得罪武后，死高宗朝。皇考讳镇，以事母弃太常博士，求为县令江南。其后以不能媚权贵，失御史。权贵人死，乃复拜侍御史。号为刚直，所与游皆当世名人。

子厚少精敏，无不通达。逮其父时，虽少年，已自成人，能取进士第，崭然见头角。众谓柳氏有子矣。其后以博学宏词授集贤殿正字。俊杰廉悍，议论证据今古，出入经史百子，踔厉风发[②]，率常屈其座人。名声大振，一时皆慕与之交。诸公要人，争欲令出我门下，交口荐誉之。

贞元十九年，由蓝田尉拜监察御史。顺宗即位，拜礼部员外郎。遇用事者得罪，例出为刺史。未至，又例贬州司马。居闲益自刻苦，务记览，为词章，泛滥停蓄[③]，为深博无涯涘。而自肆于山水间。

元和中，尝例召至京师；又偕出为刺史，而子厚得柳州。既至，叹曰："是岂不足为政邪？"因其土俗，为设教禁，州人顺赖。其俗以男女质钱，约不时赎，子本相侔，则没为奴婢。子厚与设方计，悉令赎归。其尤贫力不能者，令书其佣，足相当，则使归其质。观察使下其法于他州，比一岁，免而归者且千人。衡、湘以南为进士者，皆以子厚为师，其经承子厚口讲指画为文词者，悉有法度可观。

其召至京师而复为刺史也，中山刘梦得禹锡亦在遣中，当诣播州。子厚泣曰："播州非人所居，而梦得亲在堂，吾不忍梦得之穷，无辞以白其大人；且万无母子俱往理。"请于朝，将拜疏，愿以柳易播，虽重得罪，死不恨。遇有以梦得事白上者，梦得于是改刺连州。呜呼！士穷乃见节义。今夫平居里巷相慕悦，酒食游戏相征逐，诩诩强笑语以相取下，握手出肺肝相示，指天日涕泣，誓生死不相背负，真若可信；一旦临小利害，仅如毛发比，反眼若不相识。落陷阱，不一引手救，反挤之，又下石焉者，皆是也。此宜禽兽夷狄所不忍为，而其人自视以为得计。闻子厚之风，亦可以少愧矣。

子厚前时少年，勇于为人，不自贵重顾藉，谓功业可立就，故坐废退。既退，又无相知有气力得位者推挽，故卒死于穷裔。材不为世用，道不行于时也。使子厚在台、省时，自持其身，已能如司马、刺史时，亦自不斥。斥时，有人力能举之，且必复用不穷。然子厚斥不久，穷不极，虽有出于人，其文学辞章，必不能自力以致必传于后。如今，无疑也。虽使子厚得所愿，为将相于一时，以彼易此，孰得孰失，必有能辨之者。

子厚以元和十四年十一月八日卒，年四十七。以十五年七月十日归葬万年先人墓侧。子厚有子男二人，长曰周六，始四岁，季曰周七，子厚卒乃生。女子二人，皆幼。其得归葬也，费皆出观察使河东裴君行立。行立有节概，重然诺，与子厚结交，子厚亦为之尽，竟赖其力。葬子厚于万年之墓者，舅弟卢遵。遵，涿人，性谨慎，学问不厌。自子厚之斥，遵从而家焉，逮其死不去。既往葬子厚，又将经纪其家，庶几有始终者。

铭曰："是惟子厚之室，既固既安，以利其嗣人。"

【注释】

①拓跋魏：即北魏。因国君姓拓跋，故称拓跋魏。②踔（chuō）厉风发：精神振奋，意义风发。踔，跳跃。厉，高。③泛滥停蓄：泛滥，广泛，洋溢，充溢，指文笔汪洋恣肆。停蓄，深沉，指文笔雄厚凝练。

【译文】

柳子厚，名讳宗元。七世的祖上是柳庆，做过北魏的侍中，受封为济阴公。高伯祖柳奭，做过唐朝的宰相，同褚遂良、韩瑗一起得罪了武后，死在了高宗时期。父亲叫柳镇，为了侍养母亲，抛弃了太常博士的官职，请求到江南做县令。后来因为他不肯向权贵献媚，丢了御史的官职。直到那个权贵死了，他才又被任命为侍御史。人们都说他刚直清正，当时的名人都愿意与他交往。

子厚小的时候就才思敏捷，没有不能弄明白的东西。在他父亲还在世时，他年纪轻轻就已经成才。考取为进士一事，凸显了他的才华，众人都说柳家有能传扬名声的后人了。后来他又通过博学宏词科的考试，被授予集贤殿的官职。他才能出众，精明强干，发表议论时能依据今古事例来论证，又精通经史和诸子百家的典籍，他在议论时精神奋发，意气昂扬，常常使在座的人为之叹服。因此他名声大振，一时之间人们都敬慕他，希望与他交往。那些公卿大臣和官居要职的人，争着想让他成为自己的门生，异口同声地赞誉并推荐他。

贞元十九年（803年），他由蓝田县尉调任监察御史。顺宗即位后，他又升为礼部员外郎。因得罪权贵获罪，他被按例贬出京城当刺史，还没到任上，又被依例贬为州司马。在那清闲的地方，柳宗元更加刻苦学习，专心诵读，写作诗文。他的文笔汪洋恣肆，凝练厚重，博大精深，如同无边无际的海水。而他自己则寄情于山水之间。

元和年间，他曾经与同案人一起奉召回到京师，又一起被派出担任刺史，柳宗元分在柳州。到任之后，他慨叹道："难道不值得在这里做出成绩吗？"于是他按照当地的习俗，为柳州制定了教谕和禁令，全州百姓都听从并信赖着他。当地风俗习惯于用儿女做抵押向人借款，约定如果到期不能赎回，等到利息与本钱相等时，债主就可以把他们的儿女收为奴婢。为此，柳宗元替借债人想方设法，让他们把子女赎了回来；那些特别穷困没有能力赎回的，就让债主记下其子女当佣工应得的酬劳，到应得的工钱足够抵销债务时，就让债主归还借债人的儿女。观察使把这个办法推行到其他州县，一年后，免除奴婢身份回到家中的人就有将近千名。衡山、湘水以南准备考进士的人，都把子厚当作老师，那些经过子厚亲自讲授和指点的人，从他们的文章中都能看得出是符合规范的。

他被召回京师又再次被派出做刺史时，中山人刘禹锡也在被派之列，应当去播州。子厚流着泪说："播州不是一般人能住的地方，况且刘禹锡家有老母，我不忍心看到他的处境如此困窘，他没有办法把这件事告诉他的老母；况且绝没有母子一同前往赴任的道理。”柳宗元向朝廷请求，并准备上奏，情愿拿自己的柳州换刘禹锡的播州，且表示即使因此再度获罪，也死而无憾。碰巧有人把刘禹锡的情况给皇上说了，刘禹锡因此改任连州刺史。啊！只有到了困难的境地时，才看得出一个士人的操守和道义！有一些人，平日里同街坊邻居相处得很好，他们往来频繁，一起吃喝玩乐，经常勉强露出笑脸表示谦卑友好，手握着手好像肝胆相照，指着天上的太阳流泪，发誓不论生死绝不背弃朋友，简直说的像真的一样。然而一旦遇到小小的利害冲突，即使像头发丝般细小，也会翻脸不认人，如果朋友落入陷阱，也不会伸手去救，反而借机推他一把，落井下石，现在到处都是这样的人啊！这种事情恐怕连禽兽和野蛮人都不忍心干，而那些人却自以为得计。他们听到子厚的高风亮节，也应该稍微觉得惭愧了吧！

子厚年轻时，勇于助人，不知道顾全和爱惜自己，认为功名事业可以很快成就，反而受到牵连而被贬谪。贬谪后，又没有熟悉的位高权重的人推荐，所以他最后在蛮荒边远之地去世了，他的才干不能为世间所用，抱负不能实现。如果柳宗元当时在御史台、尚书省做官时，像后来担任司马、刺史时那样谨慎约束自己，就自然不会被贬官了；贬官后，如果有人能够推举他，他一定会再次被任用，不至于穷困潦倒。然而若是子厚被贬斥的时间不久，并未穷困到极点，虽然他能够在官场中显露自己，但他的文学辞章一定不能这样尽力钻研，以至于像今天这样一定流传后世。这是确定无疑的啊。即使让子厚实现他的愿望，官至将相，拿官位换流芳百世，什么是值得的，什么是不值得的，一定有人能分辨清楚。

元和十四年（819年）十一月初八，子厚逝世，享年四十七岁；在十五年七月初十时归乡安葬在他先祖的坟墓旁。子厚有两个儿子：长子叫周六，才四岁；小的叫周七，是子厚去世后才出生的。他还有两个女儿，也都年幼。他的灵柩之所以能回乡安葬，都是观察使河东裴行立先生出资的结果。行立先生为人讲求节操，重视信用，与子厚是好朋友，子厚对他也很尽心尽力，最后竟然全靠他办理了后事。把子厚安葬到万年县墓地的，是他的表弟卢遵。卢遵是涿州人，生性谨慎，做学问从不满足；自从子厚被贬谪以来，卢遵就跟随他与他住在一起，直到他去世也没有离开；安葬子厚之后，他还准备安置子厚的家属，真可以说得上是位有始有终的人了。

铭文说："这是子厚的墓穴，既牢固又安宁，有利于子厚的后人。"

捕蛇者说

柳宗元

【题解】

本篇是一则短小精辟的政治叙论。唐顺宗时期，唐朝国势日衰，柳宗元胸怀济世之抱负，参与了以王叔文为首的永贞革新运动，但遭到失败，柳宗元也因此被贬为永州司马。在永州的十年间，他积极了解人民的疾苦。《捕蛇者说》即写于永州。文章通过揭露永州百姓在封建官吏的横征暴敛下家破人亡的悲惨遭遇，有力地控诉了社会吏治的腐败，曲折地反映了柳宗元坚持改革的愿望。

【原文】

永州之野产异蛇，黑质而白章[①]，触草木尽死，以啮人，无御之者。然得而腊[②]之以为饵，可以已大风、挛踠、瘘、疠[③]，去死肌，杀三虫。其始，太医以王命聚之，岁赋其二，募有能捕之者，当其租入，永之人争奔走焉。

有蒋氏者，专其利三世矣。问之，则曰："吾祖死于是，吾父死于是，今吾嗣为之十二年，几死者数矣。"言之，貌若甚戚者。

余悲之，且曰："若毒之乎？余将告于莅事者，更若役，复若赋，则何如？"

蒋氏大戚，汪然出涕曰："君将哀而生之乎？则吾斯役之不幸，未若复吾赋不幸之甚也。向吾不为斯役，则久已病矣。自吾氏三世居是乡，积于今六十岁矣。而乡邻之生日蹙，殚其地之出，竭其庐之入。号呼而转徙，饥渴而顿踣[④]。触风雨，犯寒暑，呼嘘毒疠，往往而死者相藉也。曩与吾祖居者，今其室十无一焉。与吾父居者，今其室十无二三焉。与吾居十二年者，今其室十无四五焉。非死即徙尔，而吾以捕蛇独存。悍吏之来吾乡，叫嚣乎东西，隳突乎南北；哗然而骇者，虽鸡狗不得宁焉。吾恂恂而起，视其缶，而吾蛇尚存，则弛然而卧。谨食之，时而献焉。退而甘食其土之有，以尽吾齿。盖一岁之犯死者二焉，其余则熙熙而乐，岂若吾乡邻之旦旦有是哉！今虽死乎此，比吾乡邻之死则已后矣，又安敢毒耶？"

余闻而愈悲，孔子曰："苛政猛于虎[⑤]也！"吾尝疑乎是，今以蒋氏观之，犹信。呜呼！孰知赋敛之毒，有甚是蛇者乎！故为之说，以俟夫观人风者得焉。

【注释】

①黑质而白章：质，底色。章，花纹。②腊（xī）：干肉，这里指把蛇肉晒干。③大风、挛踠（luán wǎn）、瘘（lòu）、疠（lì）：皆疾病名。④顿踣（bó）：（劳累地）跌倒在地上。⑤苛政猛于虎：当权者苛刻的政令，繁重的赋税比老虎的危害还大，让百姓苦不堪言。

【译文】

永州的郊外出产一种奇怪的蛇，有黑色的身子、白色的花纹；如果这种蛇碰到草木，草木全都会死去；如果它用牙齿咬人，没有能够解救的办法。然而捉到蛇后晒干，把它制成药饵，可以用来治愈大风、挛踠、瘘、疠等疾病，可以去除坏死的肌肉，杀死人体内的寄生虫。最开始，太医奉皇帝的命令征集这种蛇，每年收取两次，招募能捕捉它的人，可以抵消应缴纳的税收。永州百姓都争着去做这件事。

有一户姓蒋的人家，独占这个差事，享受利益已经三代了。我问他，他说："我的祖父死在这事上，我父亲也死在这事上，现在我继承祖业干这差事也已十二年了，好几次都险些丧命。"他说这番话时，显露出忧伤的神色。

我为他难过，并且说："你怨恨这差事吗？我打算告诉管事的地方官，让他更换你的差事，恢复你的赋税，你看怎么样？"

蒋氏听了更加悲伤，含着泪说："您是可怜我，想让我活下去吗？然而恢复我的赋税，比让我干这差事更不幸呀。如果以前我不当这个差，那早就穷困潦倒了。自从我家三代住到这个地方，到现在已有六十年了，可乡里邻居们的生活日益窘迫，就算把他们的土地生产出来的粮食都拿去，把他们家里的收入也全部拿去还不够赋税，他们只得号啕痛哭辗转漂泊，饥饿交加，倒在地上，顶着狂风暴雨，冒着严寒酷暑，呼吸着毒瘴，接二连三地死去，尸体堆积在一起。和我祖父同住在这里的，十户当中剩不下一户了；和我父亲同时居住的，十户当中只有不到两三户了；和我一起住了十二年的人家，十户之中也只有不到四五户了。他们不是死了就是搬走了。我凭借捕蛇这个差事才独自活了下来。凶暴的官吏来到我们村，到处吆喝叫嚣，到处骚扰；那种喧闹叫嚷着惊吓乡民的气势，闹得连鸡犬都不得安宁啊！我小心翼翼地从床上爬起来，看看我的瓦罐，见我捕捉的蛇还在，就放心地躺下了。平日里我精心养蛇，到规定的日子把它献上去，回家后甘甜地吃着我家田地里生产的谷物，来度过我余生。一年中大概冒着生命危险的情况也只有两次，其余时间我都可以开心快乐地过日子。哪像我的乡邻们那样天天都面临着生存的危险呢！现在我即使死在这差事上，与我的乡邻相比，也已经死在他们后面了，又怎么敢怨恨呢？”

我听了蒋氏的话更加悲伤。孔子说：“苛刻的政令比老虎还要凶猛啊！”我曾经怀疑过这句话，现在根据蒋氏的事来看，这句话还真是可信。唉！有谁知道向百姓征收苛税的危害比这种毒蛇更厉害呢！所以我写了这篇文章，希望那些考察民风民俗的官吏能参考。

【作者简介】

柳宗元（773—819），字子厚，唐代诗人、文学家、思想家，“唐宋八大家”之一。柳宗元与韩愈同为中唐古文运动的领导人物，并称“韩柳”。他散文作品数量极多，体裁多样化，论说文剖析精辟，思理精密，词句严谨；寓言小品短小精练，形象生动，深藏讽喻，寄意深远。柳宗元山水游记简洁秀美，情景交融，体物入微，能把握自然景物本身的特征，简明峻洁，意义深远。

种树郭橐驼传

柳宗元

【题解】

这是一篇寓言体的传记，是针对唐朝中后期官吏滥施苛政，频繁扰民的现象而写的。那时豪强地主兼并土地的现象十分严重，柳宗元先写了种树管树的方法，进而引申到吏治上去，说明了要想使天下长治久安，不仅要治理百姓，更重要的是要懂得让人民休养生息的深刻道理。

【原文】

郭橐驼[①]，不知始何名。病偻，隆然伏行，有类橐驼者，故乡人号之“驼”。驼闻之曰：“甚善，名我固当。”因舍其名，亦自谓“橐驼”云。

其乡曰丰乐乡，在长安西。驼业种树，凡长安豪家富人为观游及卖果者，皆争迎取养。视驼所种树，或迁徙，无不活，且硕茂，蚤实以蕃。他植者虽窥伺效慕，莫能如也。

有问之，对曰：“橐驼非能使木寿且孳[②]也，能顺木之天，以致其性焉尔。凡植木之性，其本欲舒，其培欲平，其土欲故，其筑欲密。既然已，勿动勿虑，去不复顾。其莳[③]也若子，其置也若弃，则其天者全而其性得矣。故吾不害其长而已，非有能硕茂之也；不抑耗其实而已，非有能蚤而蕃之也。他植者则不然，根拳而土易，其培之也，若不过焉则不及。苟有能反是者，则又爱之太殷，忧之太勤，旦视而暮抚，已去而复顾，甚者爪其肤以验其生枯，摇其本以观其疏密，而木之性日以离矣。虽曰爱之，其实害之；虽曰忧之，其实仇之，故不我若也。吾又何能为哉！”

问者曰：“以子之道，移之官理可乎？”驼曰：“我知种树而已，官理非吾业也。然吾居乡，见长人者好烦其令，若甚怜焉，而卒以祸。旦暮吏来而呼曰：‘官命促尔耕，勖尔植[④]，督尔获，蚤缫而绪[⑤]，蚤织而缕，字而幼孩，遂而鸡豚。’鸣鼓而聚之，击木而召之。吾小人辍飧饔[⑥]以劳吏者，且不得暇，又何以蕃吾生而安吾性耶？故病且怠。若是，则与吾业者其亦有类乎？”

问者嘻曰：“不亦善夫！吾问养树，得养人术。”传其事以为官戒也。

【注释】

①橐（tuó）驼：骆驼。②寿且孳（zī）：活得长久而且繁殖茂盛。孳，繁殖。③莳（shì）：种植。④勖（xù）尔植：勉励你们栽种。勖，勉励。植，栽种。⑤蚤缫（sāo）而绪：早点缫好你们的丝。蚤，通“早”。缫，煮茧抽丝。而，通“尔”，你们。绪，丝头。⑥辍飧（sūn）饔（yōng）：不吃饭。辍，停止。飧，晚饭。饔，早饭。

【译文】

郭橐驼，不知道他最开始叫什么名字。他因患病而驼背，驼着背弯腰行走，就和骆驼一般，所以同乡的人称呼他为“驼”。郭橐驼听说后，说：“很好啊，这样称呼我很适合。”于是他舍弃了自己最开始的名字，也自称“橐驼”了。

他的家乡叫作丰乐乡，在长安城的西方。郭橐驼的职业是种树，凡是长安城里种植花木观赏游玩的富豪人家，以及做水果买卖的人，都争相迎接他到家里供养。观察郭橐驼所种的树，即使是移栽过来的，也没有活不了的；而且长得高大丰茂，很早结果实而且很多。其他种树的人就算是暗中偷偷观察，羡慕仿效，也没有谁能做成这样。

有人问他树种得好的原因，他回答说：“橐驼我不是能够使树木活得长久并且繁衍滋长，只不过是能够不违背树木的天性，能保存它自身的习性罢了。所有的种树方法都是：它的树根要能舒展开，它的培土要平整，它根下的土要用旧的土，捣土要密实。这样做了以后，就不要再移动，不要再担忧它，离开它不再回头看它。栽种的时候像对待孩子一样，栽好后放置在那就像抛弃了一样，于是树木的天性就能够保全。所以我只是不阻碍它生长罢了，并不是能让它丰硕茂密；只不过不抑制它结果罢了，并不是能让它尽早而且更多地结果实。其他种树的人就不一样了，根茎拳曲，又把土换了；培土的时候，不是太多了就是不够。如果有能相反于这种做法的人，却又爱惜它太过了，担忧它太多了，早上去看一眼，傍晚去抚摸一下，已经离去又要回头看一眼，甚至还有抓烂树皮来看它到底是活着还是枯萎的，摇晃它的树干来观察土的疏密，于是树木的习性便日复一日地消失了。这虽然说是爱它，其实是害它；虽然说是担忧它，其实是仇视它，所以他们都比不上我，我又能多做些什么呢！”

问的人又问道：“用你种树的道理，放到做官治理上，可以吗？”橐驼说：“我只是会种树罢了，做官不是我的职业。然而我居住在乡里，看见当官的喜欢频繁地发号施令，好像很爱怜一样，而百姓却最终遭到灾祸。早上晚上官吏都来呵斥：‘官家命令我催促你们耕地，勉励你们栽种，监督你们收获，早点煮你们的茧抽丝，早点织你们的布，养育你们的小孩，喂养你们的鸡和猪。’击鼓聚集大家，敲木号召大家。我们这些百姓停止吃早、晚饭去慰劳那些官吏，还得不到空闲，又怎么能使我们生产增多并且使我们民心安定呢？所以我们困苦而且疲乏，像这样的话，他与其他从事种树的人大概也有相似的地方吧。”

问的人赞叹说：“嗯，这不是也很好嘛！我问你怎么种树，也得到了治理人民的方法。”我记录这件事把它作为官吏们的警诫。

愚溪诗序

柳宗元

【题解】

柳宗元被贬到永州后，朝廷规定他终生不得返回。这就是说，柳宗元只能老死在贬所。这对柳宗元来说，自然是一个最沉重的打击。在这沉重的打击面前，柳宗元淤积在心中的愤懑不平之情，无法发泄，便只有寄情于山水，以超脱于尘世来自我麻醉。这就是本篇的由来。本文在议论中发表感慨，语言简洁生动，结构严谨妥帖，彰显了作者的耿介性格。

【原文】

灌水之阳有溪焉，东流入于潇水。或曰：“冉氏尝居也，故姓是溪为冉溪。”或曰：“可以染也，名之以其能，故谓之染溪。”余以愚触罪，谪潇水上。爱是溪，入二三里，得其尤绝者家焉。古有愚公谷，今余家是溪，而名莫能定，士之居者犹龂龂然[1]，不可以不更也，故更之为愚溪。

愚溪之上，买小丘，为愚丘。自愚丘东北行六十步，得泉焉，又买居之，为愚泉。愚泉凡六穴，皆出山下平地，盖上出也。合流屈曲而南，为愚沟。遂负土累石，塞其隘，为愚池。愚池之东为愚堂，其南为愚亭，池之中为愚岛。嘉木异石错置，皆山水之奇者，以余故，咸以愚辱焉。

夫水，智者乐也。今是溪独见辱于愚，何哉？盖其流甚下，不可以灌溉。又峻急，多坻石，大舟不可入也。幽邃浅狭，蛟龙不屑，不能兴云雨，无以利世，而适类于余，然则虽辱而愚之，可也。

宁武子“邦无道则愚”②，智而为愚者也；颜子“终日不违如愚”③，睿而为愚者也。皆不得为真愚。今余遭有道而违于理，悖于事，故凡为愚者莫我若也夫，然则天下莫能争是溪，余得专而名焉。

溪虽莫利于世，而善鉴万类，清莹秀澈，锵鸣金石，能使愚者喜笑眷慕，乐而不能去也。予虽不合于俗，亦颇以文墨自慰，漱涤万物，牢笼百态，而无所避之。以愚辞歌愚溪，则茫然而不违，昏然而同归，超鸿蒙，混希夷，寂寥而莫我知也。于是作《八愚诗》，记于溪石上。

【注释】

①龂（yín）龂然：争辩的样子。②“宁武子”句：宁武子为春秋时卫国大夫宁俞，“武”是谥号。此句语出《论语·公冶长》：“子曰：‘宁武子，邦有道则智，邦无道则愚。其智可及也，其愚不可及也。’”意谓宁武子乃佯愚，并非真愚。③“颜子”句：颜子即颜回，字子渊，孔子学生。此句语出《论语·为政》：“子曰：‘吾与回言终日，不违如愚。退而省其私，亦足以发，回也不愚。’”意为颜回听孔子讲学，从来不提不同的看法，似乎很愚笨。但考察他私下的言行，发现他不仅理解了孔子的话，而且还有所发挥，可见他并不愚笨。

【译文】

灌水北面有一条小溪，向东流入潇水。有人说：“冉氏曾经居住过，所以把这条溪水叫作‘冉溪’。”又有人说：“溪水可以用来染色，用这种功能来命名，所以称它为‘染溪’。”我因为愚钝而获罪，被贬谪到潇水上游，我十分喜爱这条溪水，沿着它往内走了二三里地，发现一个好去处，就在这里安了家。古代有愚公谷，现在我以这条溪为家，名字却还没有定下来，当地居民也为此争论不休，不能不给它换个名字了，所以称它为“愚溪”。

我在愚溪上游买了个小山丘，我叫它愚丘。距离愚丘东北六十步远的地方有一处泉水，我又买下来，把它叫作愚泉。愚泉总共有六个泉眼，都在山下的平地上，泉水向上涌出，汇合后蜿蜒向南流去，经过的地方成了一道水沟，叫作愚沟。我运土堆石，堵住狭窄的水道，筑成了愚池。愚池的东面是愚堂，南面是愚亭。池子中央是愚岛。那里参差错落着美丽的树木和珍奇的岩石。这些都是山水中罕见的美景，却因为我，以“愚”字辱没了它们。

水是聪明人喜爱的。可现在这条溪水竟不幸被“愚”字辱没，这是什么原因呢？因为它水位很低，不能用来灌溉农田；又水流湍急，有很多石头突出水面，大船进不去；而且水道深远，水浅狭长，蛟龙不屑于在其中居住，不能兴起云和雨，对世人没有什么好处，正像是愚昧无知的我啊。既然如此，即使让它受点委屈，用“愚”字来称呼它，也是可以的。

古时候宁武子“在国家动乱时就显得很愚蠢”，是聪明人故意装傻。颜子“从来不提出和老师不同的见解，似乎很愚笨”，也是明智的人故意表现出的愚蠢。他们都不是真正的愚。如今我遇上了清明的时代，所作所为却违背道理，所以说再没有像我这么愚蠢的人了。因此，天下人谁也不能和我争这条溪水，我可以由着性子给它命名。

溪水虽然对世人没有什么好处，可它却能够洞察万物，清秀明澈，能发出金石般的响声，悦耳动听能使愚蠢的人欢喜爱慕，流连忘返。我虽然不合世俗，但也很喜欢用文章抒发自己的感情，描写万物，表现事物的百态，没有什么能逃得出我的笔端。用我愚钝的文辞来歌唱愚溪，就和愚溪的精神不相背离，好像同它融为一体，超越天地万物，融入那虚空中，在寂寞清静里浑然忘我。于是我写了《八愚诗》，刻在溪石上。

岳阳楼记

范仲淹

【题解】

庆历新政失败后，范仲淹贬居邓州，昔日的好友滕子京从湖南来信，请他为重新修葺的岳阳楼作记，《岳阳楼记》由此而来。本篇将记叙、写景、抒情、议论融为一体，动静相生，明暗相衬，文辞简约，音节和谐。通过对岳阳楼浩瀚壮阔景物的描写，表现作者虽身居江湖，却心忧国事，虽遭迫害，但仍不放弃理想的顽强意志。

【原文】

庆历四年春，滕子京谪守巴陵郡。越明年，政通人和，百废具①兴，乃重修岳阳楼，增其旧制，刻唐贤、今人诗赋于其上。属予②作文以记之。

予观夫巴陵胜状，在洞庭一湖。衔远山，吞长江，浩浩汤汤[③]，横无际涯；朝晖夕阴，气象万千。此则岳阳楼之大观也，前人之述备矣。然则北通巫峡，南极潇湘，迁客骚人，多会于此，览物之情，得无异乎？

若夫霪雨霏霏，连月不开，阴风怒号，浊浪排空；日星隐曜[④]，山岳潜形；商旅不行，樯倾楫摧[⑤]；薄暮冥冥，虎啸猿啼。登斯楼也，则有去国怀乡，忧谗畏讥，满目萧然，感极而悲者矣。

至若春和景明，波澜不惊，上下天光，一碧万顷；沙鸥翔集，锦鳞游泳；岸芷汀兰，郁郁青青。而或长烟一空，皓月千里，浮光耀金，静影沉璧，渔歌互答，此乐何极！登斯楼也，则有心旷神怡，宠辱皆忘[⑥]，把酒临风，其喜洋洋者矣。

嗟夫！予尝求古仁人之心，或异二者之为，何哉？不以物喜，不以己悲[⑦]；居庙堂之高则忧其民；处江湖之远则忧其君。是进亦忧，退亦忧。然则何时而乐耶？其必曰“先天下之忧而忧，后天下之乐而乐”欤？噫！微斯人，吾谁与归！

【注释】

①具：都。 ②属（zhǔ）予（yú）：属，嘱咐。予，我。 ③浩浩汤（shāng）汤：水波浩荡的样子。汤汤，水流大而急。 ④日星隐曜（yào）：太阳和星星隐藏起光辉。 ⑤樯（qiáng）倾楫（jí）摧：桅杆倒下，船桨折断。 ⑥宠辱皆（xié）忘：荣耀和屈辱一并都忘了。皆，一起。 ⑦不以物喜，不以己悲：不因为外物好坏和自己的得失而或喜或悲。

【译文】

庆历四年（1044年）春，滕子京被降职为岳州知州。到了第二年，政治通达顺利，人民安居乐业，各种荒废的事情都兴旺了起来。于是他又重修岳阳楼，扩大它原有的规模，把唐朝名人和当今文人的诗赋刻在上面，并嘱咐我写一篇文章来记述这件事。

我看这巴陵郡的美景，全在洞庭这一个湖泊上。它衔接着遥远的山峦，吞吐着奔腾的长江，浩浩荡荡，无边无际，在同一天里，阴晴不定，气象变化万千。这就是岳阳楼的雄伟景观，前人的描绘已经够详尽了。然而这里北边连通巫峡，南面远达潇湘，那些贬谪的官员和多愁善感的诗人，常常在这里聚会，他们观赏自然景物的心情，只怕也会有所不同吧？

在那阴雨连绵，接连几个月没有晴天的日子里，阴森的风在水面呼号，混浊的浪涛击向天空。太阳星辰隐藏了光芒，山岳潜藏了自己高大的形体。商人和旅客滞留不能通行，船桅倒下，船桨折断。薄雾笼罩着昏黑色的傍晚，虎在低啸，猿在哀啼。这个时候登上岳阳楼远望，就会有一种想念朝廷、思恋家乡，惧怕讥谤讽刺的心情了。景象既然是满目萧条，那么心情也会十分悲凉。

到了春风和煦、景色明媚的时节，风儿清净，浪涛不惊，湖光与天色相连，绿得一望无际。洁白色的沙鸥时而独自飞翔，时而聚集成群。美丽的鱼儿往来嬉戏，岸上的香草和小洲上的香兰，茂盛喜人，郁郁葱葱。有时天空云消雾散，皎洁的月光一泻千里，波光粼粼闪烁，静静的月影如同玉璧一般卧在水中，忽然渔夫们相对着唱起了渔歌，这真让人不知道有多欢快！登上这座楼，必然会心胸开阔，精神爽朗，将恩宠和屈辱一起忘却，端着酒杯迎着风，真是开心得很啊。

唉！我曾经探求过古代仁人志士的想法，却往往与上面两类人的心情不同。为什么呢？是因为他们并不因景色的美丽而喜悦，也不会因遭遇的坎坷而悲伤。在高高在上的朝廷，就会为百姓的生活忧虑；在偏远的民间，就会为国君的政令是否清明而担忧。这是在朝廷做官也担忧，在偏远的民间也担忧。那么他们什么时候才会感到快乐呢？他们必然会说：“在天下人担忧之前就担忧，在天下人快乐之后才快乐。”唉！除了这种心怀天下的人，我还能追随谁呢？

【作者简介】

范仲淹（989—1052），字希文，北宋政治家、文学家、军事家、教育家。他早年仕途顺利，但后因秉公直言屡遭贬斥。庆历五年（1045年），新政受挫，范仲淹被贬出京。范仲淹的文风苍凉豪放、感情强烈，饱含着先天下之忧而忧，后天下之乐而乐的赤子情怀。

醉翁亭记

欧阳修

【题解】

宋仁宗庆历五年（1045年），参知政事范仲淹等人遭谗离职，欧阳修上书替他们分辩，被贬到滁州做了两年知州。《醉翁亭记》就写于这个时期。文章通过描写醉翁亭的自然风光和叙述游人之乐，勾勒出一幅太守与民同乐的图画，抒发了欧阳修的政治理想和娱情山水以排遣抑郁的复杂感情。

【原文】

环滁皆山也。其西南诸峰，林壑尤美，望之蔚然而深秀者，琅琊也。山行六七里，渐闻水声潺潺，而泻出于两峰之间者，酿泉[①]也。峰回路转，有亭翼然临于泉上者，醉翁亭也。作亭者谁？山之僧智仙也。名之者谁？太守自谓也。太守与客来饮于此，饮少辄醉，而年又最高，故自号曰醉翁也。醉翁之意不在酒，在乎山水之间也。山水之乐，得之心而寓之酒也。

若夫日出而林霏开，云归而岩穴暝，晦明变化者，山间之朝暮也。野芳发而幽香，佳木秀而繁阴，风霜高洁[②]，水落而石出者，山间之四时也。朝而往，暮而归，四时之景不同，而乐亦无穷也。

至于负者[③]歌于涂，行者休于树，前者呼，后者应，伛偻[④]提携，往来而不绝者，滁人游也。临溪而渔，溪深而鱼肥。酿泉为酒，泉香而酒洌；山肴野蔌[⑤]，杂然而前陈者，太守宴也。宴酣之乐，非丝非竹，射者中，弈者胜，觥筹交错，起坐而喧哗者，众宾欢也。苍颜白发，颓乎其中者，太守醉也。

已而夕阳在山，人影散乱，太守归而宾客从也。树林阴翳，鸣声上下，游人去而禽鸟乐也。然而禽鸟知山林之乐，而不知人之乐；人知从太守游而乐，而不知太守之乐其乐也。醉能同其乐，醒能述以文者，太守也。太守谓谁？庐陵欧阳修也。

【注释】

①酿泉：泉的名字。因水清可以酿酒，所以称之为酿泉。②风霜高洁：就是风高霜洁。天高气爽，霜色洁白。③负者：背着东西的人。④伛（yǔ）偻（lǚ）：腰弯背曲的样子，这里指老年人。⑤山肴野蔌（sù）：山肴，用从山野捕到的鸟兽做成的菜。山肴，野菜。蔌，菜蔬的总称。

【译文】

环绕滁州的都是山。西南方向有几座山峰，树林和山谷尤其秀丽。远远望去，那树木茂盛又幽深挺秀的地方，是琅琊山。走上六七里山路，渐渐听到淙淙的溪水声，那从两座山峰间倾泻而出的，就是酿泉。山势回环，路径曲折，忽然看到一座亭子亭檐翘起，如同飞鸟展翅般高飞在泉上，这就是醉翁亭。建造亭子的是谁？是山上的和尚智仙。给它取名的又是谁呢？就是自号醉翁的太守。太守与客人来这儿饮酒，喝一点儿就醉了；而且年纪最大，所以自号“醉翁”。醉翁的意趣不在于喝酒，而在于欣赏山水美景啊。欣赏山水美景的乐趣，从内心领悟到，又寄托在酒上。

看那太阳升起，林间的云雾就消散了，烟云聚拢，山谷就晦暗了，这种晴朗阴沉的变化，就是山中的早晨和黄昏。野花绽放出幽香，良木秀美繁茂，风爽霜白，天清气洁，溪水低落，山石显露。这就是山中四季的景致变化。清早进山，傍晚返回，四季的景色各不相同，其中的乐趣也无穷无尽。

至于背扛肩挑货物的人在路上唱歌，来去行路的人在树下歇脚，前面的吆喝，后面的应答，老人弯着腰走，小孩子由大人牵着走。这都是滁州人在游山玩水啊。到溪边钓鱼，溪水深而鱼肉肥美；用泉酿酒，泉水清香而酒色清冽。山珍野味，交错地摆在面前，这是太守摆下的宴席。宴会的乐趣，不在于管弦丝竹，投壶的中了，下棋的胜了，酒杯和酒筹杂乱碰撞。有人站着有人坐着大笑喧闹，这是客人们欢乐的场面。那个面容苍老满头白发的人，醉醺醺地靠在众人中间的，是喝醉了的太守。

不久，夕阳渐渐落山，人影散乱，这是宴会罢散，宾客们纷纷随着太守回去了。树林的枝叶茂密成荫，鸟儿随处嘤鸣，这是游人离去后鸟儿在欢唱。然而鸟儿只知道山中的快乐，却不知道人们游山玩水的快乐。人们只知道跟随太守游山玩水的快乐，却不知道太守因游人的快乐而快乐啊。醉的时候能够和大家一起欢乐，醒来时能够用文章记述这事的人，那就是太守啊。太守是谁？就是庐陵欧阳修啊。

【作者简介】

欧阳修（1007—1072），字永叔，号醉翁，晚号六一居士。北宋政治家、文学家、史学家，“唐宋八大家”之一。欧阳修在我国文学史上有着重要的地位。作为宋代诗文革新运动的领袖人物，他的文论和创作实绩，对当时以及后代都有很大影响。他的散文大都内容充实，气势旺盛，具有平易自然、流畅婉转的艺术风格。另外欧阳修曾推荐和指导了王安石、曾巩、苏洵、苏轼、苏辙等散文家，对他们的散文创作有着很大的影响。

秋声赋

欧阳修

【题解】

本文是欧阳修晚年所作。长期的政治斗争使他看到了世事的复杂，逐渐淡于名利。秋天是肃杀的象征，一切生命都在秋天终止。作者的心情也因为屡次遭贬而郁闷，但他也借秋声告诫世人：不必悲秋、恨秋，怨天尤地，而应自我反省。这一立意，抒发了作者难有所为的郁闷心情，以及自我超脱的愿望。

【原文】

欧阳子方夜读书，闻有声自西南来者，悚然而听之，曰："异哉！"初淅沥以潇飒，忽奔腾而砰湃，如波涛夜惊，风雨骤至。其触于物也，𬮭𬮭[①]铮铮，金铁皆鸣；又如赴敌之兵，衔枚[②]疾走，不闻号令，但闻人马之行声。予谓童子："此何声也？汝出视之。"童子曰："星月皎洁，明河在天，四无人声，声在树间。"

予曰："噫嘻，悲哉！此秋声也，胡为乎来哉？盖夫秋之为状也：其色惨淡，烟霏云敛；其容清明，天高日晶；其气栗冽，砭[③]人肌骨；其意萧条，山川寂寥。故其为声也，凄凄切切，呼号奋发。丰草绿缛而争茂，佳木葱茏而可悦；草拂之而色变，木遭之而叶脱。其所以摧败零落者，乃一气之余烈。

"夫秋，刑官也，于时为阴；又兵象也，于行用金，是谓天地之义气，常以肃杀而为心。天之于物，春生秋实，故其在乐也，商声主西方之音，夷则为七月之律。商，伤也，物既老而悲伤；夷，戮也，物过盛而当杀。

"嗟夫！草木无情，有时飘零。人为动物，惟物之灵；百忧感其心，万事劳其形；有动乎中，必摇其精。而况思其力之所不及，忧其智之所不能；宜其渥[④]然丹者为槁木，黟[⑤]然黑者为星星[⑥]。奈何非金石之质，欲与草木而争荣？念谁为之戕贼，亦何恨乎秋声？"

童子莫对，垂头而睡。但闻四壁虫声唧唧，如助予之叹息。

【注释】

①𬮭（cōng）𬮭铮铮：金属相击的声音。②衔枚：古代行军时口中衔着枚，以防出声。枚，古代行军时，士卒口衔用来禁止喧哗的器具，形如筷子。③砭（biān）：古代治病的石针，这里是刺的意思。④渥（wò）：红润的脸色。⑤黟（yī）：黑。

⑥星星：鬓发花白的样子。

【译文】

欧阳修正在趁夜读书，忽然听到有声音自西南传来，心下悚然，仔细聆听，说："奇怪啊！"这声音刚听的时候像是雨淅淅沥沥的声音，还夹杂着风吹树木的萧萧声，然后忽然变得汹涌澎湃，像是波涛在夜里惊起，风雨骤然来到。它碰到物体上，发出铿锵的声音，好像金属撞击，又像是去突袭敌人的军队，衔着枚奔走，听不到任何号令，只听见有人马行进的声音。我对童子说："这是什么声音？你出去看看它。"童子回答说："星月皎洁灿烂、银河高悬中天，四下没有人语，声音就在树间。"

我叹道："哎呀呀可叹啊！这就是秋天的声音，它为什么来到世间呢？大概秋天是这样的：它的色调凄凉暗淡，云消雾散。它的样子清新澄澈，天空高远，太阳明亮。它的气候寒冷萧瑟，刺入肌骨。它的意境萧条冷落，山河寂静空旷。所以它发出的声音，时而凄切悲凉，时而呼啸激昂。绿草浓密，丰美繁茂，树木葱茏，让人开心。然而，一旦秋风吹起，草就要变色，树就要落叶。它用来使花草、枝叶、树木凋零的，便是一种让天地万物肃杀的余威。

"秋天，是刑罚官执法的季节，它在季节属于阴；秋天象征着用兵，在五行上属于金。这就是常说的天地的义气，它常常以肃杀为本心。上天对于万物，是要它们在春天生长，在秋天结果。所以，秋天在音乐上又属于商声。商声是西方的调子，七月的曲律是夷则。商，也就是'伤'的意思，万物衰老了就会悲伤。夷，是杀戮的意思，事物过了繁盛期就会遭遇杀戮灭亡。

"唉！草木是无情之物，尚不免有衰落的时候。人为动物，在万物中最有灵性，万千忧愁煎熬着他的内心，琐碎的烦恼劳累着他的身体。只要内心被外物触动，就一定会损耗他的精力。更何况常常思考自己力所不及的事情，忧虑那些自己的智慧所不能完全解决的问题。这些自然会使他鲜红的肌肤变得枯槁，乌黑的头发变得斑白。人为什么要用不是金石的身体，去和草木争夺一时的繁荣呢？应该仔细思考自己是被什么摧残的，又为何怨恨这秋声呢？”

书童没有应答，低头睡去。只听得四下里唧唧的虫鸣声，像在应和我的叹息。

丰乐亭记

欧阳修

【题解】

这篇文章表面上是记丰乐亭，实际上，欧阳修用了较多的篇幅，通过今昔对比的手法热情洋溢地歌颂了当时的“太平盛世”。北宋初年，长久以来的战乱终于结束，政治清明，百姓安居乐业。欧阳修在歌颂宋初杰出统治者的同时，对滁州百姓“安于畎亩衣食，以乐生送死”的安闲生活也加以讴歌和感慨，表达了作者热爱人民，与民同乐的精神。

【原文】

修既治滁之明年，夏，始饮滁水而甘。问诸滁人，得于州南百步之远。其上则丰山耸然而特立；下则幽谷窈然而深藏；中有清泉滃然[①]而仰出。俯仰左右，顾而乐之。于是疏泉凿石，辟地以为亭，而与滁人往游其间。

滁于五代干戈之际，用武之地也。昔太祖皇帝尝以周师破李景兵十五万于清流山下，生擒其将皇甫晖、姚凤于滁东门之外，遂以平滁。修尝考其山川，按其图记，升高以望清流之关，欲求晖、凤就擒之所。而故老皆无在者，盖天下之平久矣。自唐失其政，海内分裂，豪杰并起而争，所在为敌国者，何可胜数？及宋受天命，圣人出而四海一。向之凭恃险阻，铲削消磨，百年之间，漠然徒见山高而水清。欲问其事，而遗老尽矣！

今滁介江淮之间，舟车商贾、四方宾客之所不至，民生不见外事而安于畎亩②衣食，以乐生送死。而孰知上之功德，休养生息，涵煦③于百年之深也？

修之来此，乐其地僻而事简，又爱其俗之安闲。既得斯泉于山谷之间，乃日与滁人仰而望山，俯而听泉。掇④幽芳而荫乔木，风霜冰雪，刻露清秀，四时之景无不可爱。又幸其民乐其岁物之丰成，而喜与予游也。因为本其山川，道其风俗之美，使民知所以安此丰年之乐者，幸生无事之时也。

夫宣上恩德，以与民共乐，刺史之事也。遂书以名其亭焉。

【注释】

①滃（wěng）然：水势涌出的样子。②畎（quǎn）亩：田地。③涵煦：滋润化育。④掇（duō）：拾取，采取。

【译文】

欧阳修治理滁州的第二年，夏天，才觉得滁州的泉水喝着甘甜。向滁州人询问泉水的发源地，得知在城南面一百步的地方。它的上面是丰山，丰山高耸地矗立着，下面是深深的峡谷。峡谷幽深地潜藏着，中间有清泉，水流向上涌出。我来回观赏，十分快乐。因此就疏通泉水，凿开石头，开拓出一片空地，造了一座亭，之后我和滁州人就来这美景中游玩。

滁州在五代战乱的时候，是个征战频繁的地方。过去，太祖皇帝曾经率领后周军队在清流山下击溃了李璟的十五万人马，在滁州东门外，活捉了李璟的大将皇甫晖、姚凤，从而平定了滁州。我曾经考察过滁州地区的山川地形，按照滁州地区的地图，登上高山来眺望清流关，想寻找皇甫晖、姚凤被捉的地方。可是，当时的人都已经不在了，大概是天下有了较长久的太平时节。自从唐朝的政局败坏后，全国四分五裂，英雄豪杰们全都揭竿而起，争夺天下，到处都是相互敌对的政权，哪能数得清呢？等到大宋接受天命，圣人出现了，全国就统一了。以前那些依靠山川险要割据的势力都被消灭了。在一百年之间，渐渐地只看到山高水清。要想问问当时的情形，可是当时的老人已经不在人世了。

如今，滁州处在长江、淮河之间，是乘船坐车的商人和四面八方的旅游者不到的地方。百姓自顾自地生活着，不知道外面的事情，他们安于耕田、穿衣、吃饭，开心地过日子，一直到死。有谁知道这是由于皇帝的功德，让百姓休养生息，滋养教化，养育了一百年之久呢！

我来到这里，喜欢这地方的偏僻安静，政事简单，又喜爱它的风俗闲适恬淡。既然在山谷间找到这样甜美的泉水，就每天同滁州人来这里游玩，抬头远望山峦，低头聆听泉水。在春天采摘幽香的鲜花，在夏天依靠着茂密的树木乘凉，在落霜下雪的时候，这里更鲜明地显露出清肃的秀美，一年四季的风光都让人十分喜爱。我又庆幸，百姓们都为那年的谷物丰收而感到高兴，乐意与我同游。于是我根据这里的山脉河流，叙述这里的风俗美好，让民众知道能够安享丰年的欢乐，是因为有幸生长在这太平无事的时代。

宣扬皇上恩德，与民共享欢乐，这是刺史的职责所在。于是我写下文章来命名这座亭。

梅圣俞诗集序

欧阳修

【题解】

北宋诗人梅尧臣（字圣俞）的一生十分不得志。他的诗作以反映社会矛盾和民生疾苦为主，风格平淡朴实，对当时浮艳的诗风形成了巨大冲击。欧阳修为梅尧臣的诗集作序，既赞扬了梅尧臣在反对宋初浮艳诗风方面的功绩，更重要的是提出了自己“穷而后工”的文学主张。

【原文】

予闻世谓诗人少达而多穷，夫岂然哉？盖世所传诗者，多出于古穷人之辞也。凡士之蕴其所有，而不得施于世者，多喜自放于山巅水涯之外，见虫鱼草木风云鸟兽之状类，往往探其奇怪，内有忧思感愤之郁积，其兴于怨刺，以道羁臣[①]寡妇之所叹，而写人情之难言。盖愈穷则愈工。然则非诗之能穷人，殆穷者而后工也。

予友梅圣俞，少以荫补为吏，累举进士，辄抑于有司，困于州县凡十余年。年今五十，犹从辟书，为人之佐，郁其所蓄，不得奋见于事业。其家宛陵，幼习于诗，自为童子，出语已惊其长老。既长，学乎六经仁义之说，其为文章，简古纯粹，不求苟说于世。世之人徒知其诗而已。然时无贤愚，语诗者必求之圣俞；圣俞亦自以其不得志者，乐于诗而发之，故其平生所作，于诗尤多。世既知之矣，而未有荐于上者。昔王文康公尝见而叹曰：“二百年无此作矣！”虽知之深，亦不果荐也。若使其幸得用于朝廷，作为雅、颂，以歌咏大宋之功德，荐之清庙，而追商、周、鲁《颂》之作者，岂不伟欤！奈何使其老不得志而为穷者之诗，乃徒发于虫鱼物类，羁愁感叹之言，世徒喜其工，不知其穷之久而将老也，可不惜哉！

圣俞诗既多，不自收拾。其妻之兄子谢景初，惧其多而易失也，取其自洛阳至于吴兴以来所作，次为十卷。予尝嗜圣俞诗，而患不能尽得之，遽喜谢氏之能类次也，辄序而藏之。

其后十五年，圣俞以疾卒于京师，余既哭而铭之，因索于其家，得其遗稿千余篇，并旧所藏，掇其尤者六百七十七篇，为一十五卷。呜呼！吾于圣俞诗论之详矣，故不复云。

庐陵欧阳修序。

【注释】

①羁臣：即“羁旅之臣”，指旅居在外或被贬谪的官员。

【译文】

我听世人常说，诗人们畅达的少，穷困的多。真是这样吗？大概是因为流传下来的诗，大多出自古代穷困之士的笔下吧。但凡胸怀大才，又不能充分施展在世上的人，大多都会自我放逐到天涯海角，看见虫鱼、草木、风云、鸟兽之类的，往往探究它们的奇怪之处，将那因忧愁感慨而积蓄的积郁，寄托在怨恨讽刺的诗句中，来抒发逐臣、寡妇这些人的慨叹，写出人内心深刻体会却难以言说的东西，大概越困厄就写得越好。这样看来，并非写诗使人穷困，大概是穷困后才能写出好诗。

我的朋友梅圣俞，年轻时由于继承祖上的功绩，替补

为下级官吏。他屡次考进士，总是遭到压抑，在地方上困厄了十多年。年已五十了，还要靠别人下聘书，去当人家的职员。郁积着自己的才能和智慧，不能在事业上充分地表现出来。他的家乡在宛陵，他幼年时就学习诗歌，从他还是个孩童时起，他写出诗句来就已使得父老长辈惊异了。等到长大，学习了六经中有关仁义的学问，他写出的文章简朴淳厚，不追求苟且着取悦世人，因此世人只知道他会写诗罢了。然而当时，不论是贤人还是愚人，谈论诗歌必然会向圣俞请教。圣俞喜欢把自己不得志的地方，通过诗歌发泄出来，因此他平时所写的东西，诗歌特别多。社会上已经知道他了，却没有人向朝廷推荐他。从前王文康公曾看到他的诗作，慨叹地说："两百年没有这样的作品了！"虽然对他了解很深，可还是没有加以推荐。假使他有幸得到朝廷的任用，写出如《诗经》中《雅》《颂》那样的作品，来歌颂大宋的功业恩德，献给宗庙，使他类似于《商颂》《周颂》《鲁颂》等作者，难道不是很伟大的事情吗？可惜他到老也不得志，只能写困苦者的诗歌，白白地在鱼虫上抒发困苦忧愁的感叹。社会上的人只喜爱他诗歌的精巧，却不知道他困苦已久将要老死了，这难道不值得叹息吗？

圣俞的诗很多，自己却不收拾整理。他妻兄的儿子谢景初担心他诗作太多容易丢失，选取他从洛阳到吴兴时期的作品，编成十卷。我曾经特别喜爱圣俞的诗，担心不能全部得到。我十分高兴谢氏能为它分类编纂，就为之作序并保存起来。

从那以后过了十五年，圣俞因病在京师去世，我痛哭着为他写了墓志铭，后来向他家索求稿子，得到他的遗稿一千多篇，连同先前收藏的，又选取其中尤其好的共计六百七十七篇，分为十五卷。唉！我对圣俞的诗歌已经评论得很详尽了，所以就不重复说了。

庐陵欧阳修作序。

六国论

苏洵

【题解】

在中国历史上，战国是群雄割据的时代。《六国论》中的“六国”，就是指战国七雄中秦国以外的齐、楚、燕、韩、赵、魏六个国家。本篇借古讽今，通过讲述六国破灭的道理，表达了苏洵对北宋王朝妥协苟安政策的警示。

【原文】

六国破灭，非兵不利，战不善，弊在赂秦[①]。赂秦而力亏，破灭之道也。或曰：“六国互丧，率赂秦耶？”曰：“不赂者以赂者丧，盖失强援，不能独完。故曰，弊在赂秦也。”

秦以攻取之外，小则获邑，大则得城。较秦之所得，与战胜而得者，其实百倍；诸侯之所亡，与战败而亡者，其实亦百倍。则秦之所大欲，诸侯之所大患，固不在战矣。思厥先祖父[②]，暴霜露，斩荆棘，以有尺寸之地。子孙视之不甚惜，举以予人，如弃草芥。今日割五城，明日割十城，然后得一夕安寝。起视四境，而秦兵又至矣。然则诸侯之地有限，暴秦之欲无厌，奉之弥繁，侵之愈急。故不战而强弱胜负已判矣。至于颠覆，理固宜然。古人云：“以地事秦，犹抱薪救火，薪不尽，火不灭。”此言得之[③]。

齐人未尝赂秦，终继五国迁灭，何哉？与嬴而不助五国也。五国既丧，齐亦不免矣。燕、赵之君，始有远略，能守其土，义不赂秦。是故燕虽小国而后亡，斯用兵之效也。至丹以荆卿为计，始速祸焉。赵尝五战于秦，二败而三胜。后秦击赵者再，李牧连却之。洎牧以谗诛，邯郸为郡，惜其用武而不终也。且燕、赵处秦革灭殆尽之际，可谓智力孤危，战败而亡，诚不得已。向使三国各爱其地，齐人勿附于秦，刺客不行，良将犹在，则胜负之数，存亡之理，当与秦相较，或未易量。

呜呼！以赂秦之地，封天下之谋臣；以事秦之心，礼天下之奇才；并力西向，则吾恐秦人食之不得下咽也。悲夫！有如此之势，而为秦人积威之所劫，日削月割，以趋于亡。为国者无使为积威之所劫哉！

夫六国与秦皆诸侯，其势弱于秦，而犹有可以不赂而胜之之势。苟以天下之大，下而从六国破亡之故事，是又在六国下矣。

【注释】

①赂秦：贿赂秦国，指割地求和。②厥（jué）先祖父：泛指他们的先人祖辈，指列国的先公先王。厥，其。先，对去世的尊长的敬称。祖父，祖辈与父辈。③得之：得，获得，抓住。之，六国灭亡的原因、重点。

【译文】

六国灭亡，不是因为他们的武器不锋利，打仗没打好，弊端在于他们用土地来贿赂秦国。贿赂秦国削减了自己的力量，是灭亡的原因。有人说：“六国接连灭亡，难道全部都是因为贿赂秦国吗？”回答说：“不贿赂秦国的国家因为贿赂秦国的国家而灭亡，是因为失去了强力的外援，就不能独自保全。所以说，弊病在于贿赂秦国。”

除了攻击他国夺取的土地，秦国小则获得邑镇，大则获得城池。将秦国受贿赂所得的土地与战胜别国所得到的土地相比较，实际多上百倍。六国诸侯贿赂秦国所丧失的土地与战败所丧失的土地相比，实际也要多百倍。那么秦国最想要的，诸侯们所害怕的，本来就不在于战争。遥想他们的祖辈和父辈，冒着寒霜雨露，披荆斩棘，才有了很少的一点土地。子孙对那些土地却不爱惜，拿来送给别人，就如同丢弃草芥一般。今天割掉五座城，明天割掉十座城，之后得到一夜的安稳觉。明天起床一看四周边境，秦国的军队又来了。然而诸侯的土地有限，暴秦的欲望永远不会满足，诸侯送得越多，秦国侵犯得就越急迫。所以用不着打仗，谁强谁弱，谁胜谁负就已经决定了。六国最后到了覆灭的地步，按道理本来就该是这个样子。古人说：“用土地侍奉秦国，就好像抱柴救火，柴不烧完，火就不会熄灭。”这话说得很对。

齐国没有贿赂过秦国，最终也跟着五国灭亡了，为什么呢？是因为它跟秦国交好而不帮助五国。五国既然已经灭亡了，齐国就没法独存。燕国和赵国的国君，起初有长远的策略，能够守住他们的国土，坚持正义不贿赂秦国。因此燕虽然是个小国，却到后来才灭亡，这就是举兵抗秦的成效。等到后来燕太子丹用荆轲刺杀秦王，作为对付秦国的计策，这才招致了亡国之祸。赵国曾经与秦国交战五次，打了两次败仗，三次胜仗。后来秦国又两次攻打赵国，李牧接连打退了秦国的进攻。等到李牧因受谗言而被杀，邯郸才变成了秦国的一个郡，可惜赵国采用武力却不能坚持到最后。而且燕赵两国正处在秦国把其他国家快要消灭干净的时候，可以说是智谋穷竭，国势孤危，因战败而亡国，确实是不得已的。假如韩、魏、楚三国都爱惜他们的国土，齐国不依附秦国，刺客不出动，良将还活着，那么胜败存亡的命运，倘若与秦国相比较，还不知道谁赢呢。

唉！假使将贿赂秦国的土地封给天下的谋臣，用侍奉秦国的心礼遇天下的奇才，齐心合力地向西进攻，那么我恐怕秦国人饭都咽不下去。可悲啊！有这样的形势，却被秦国积久的威势胁迫，日积月累地割地，以至于走向灭亡。治理国家的人不要被积久的威势胁迫啊！

六国和秦国都是诸侯之国，他们的势力比秦国弱，却还有可以用不贿赂秦国的办法战胜它的优势。如果凭借偌大国家，却重蹈六国灭亡的覆辙，这就更比不上六国了。

【作者简介】

苏洵（1009—1066），字明允，北宋文学家，与其子苏轼、苏辙合称“三苏”，均被列入“唐宋八大家”。苏洵长于散文，尤擅政论，议论明畅，笔势雄健，有《嘉祐集》传世。他的散文论点鲜明，论据有力，语言锋利，纵横恣肆，具有雄辩的说服力。

超然台记

苏轼

【题解】

苏轼调任密州知州第二年，修复了一座残破的楼台，他的弟弟苏辙为这座台起名叫“超然”，苏轼便写了这篇《超然台记》。文章对于超然台的景物描写十分生动，语言清新自然，行文如涓涓流泉，体现了苏轼洒脱自如、纵横不羁的文风。最后苏轼抒发了知足常乐、超然达观的人生态度。

【原文】

凡物皆有可观。苟有可观，皆有可乐，非必怪奇伟丽者也。铺糟啜醨[①]，皆可以醉；果蔬草木，皆可以饱。推此类也，吾安往而不乐？

夫所为求福而辞祸者，以福可喜而祸可悲也。人之所欲无穷，而物之可以足吾欲者有尽，美恶之辨战于中，而去取之择交乎前。则可乐者常少，而可悲者常多。是谓求祸而辞福。夫求祸而辞福，岂人之情也哉？物有以盖之矣。彼游于物之内，而不游于物之外。物非有大小也，自其内而观之，未有不高且大者也。彼挟其高大以临我，则我常眩乱反复，如隙中之观斗，又乌知胜负之所在。是以美恶横生而忧乐出焉，可不大哀乎！

予自钱塘移守胶西，释舟楫之安而服车马之劳；去雕墙之美而庇采椽之居；背湖山之观而行桑麻之野。始至之日，岁比不登，盗贼满野，狱讼充斥；而斋厨索然，日食杞菊。人固疑予之不乐也。处之期年，而貌加丰，发之白者，日以反黑。予既乐其风俗之淳，而其吏民亦安予之拙也。于是治其园圃，洁其庭宇，伐安丘、高密之木，以修补破败，为苟完之计。

而园之北，因城以为台者旧矣，稍葺[②]而新之。时相与登览，放意肆志焉。南望马耳、常山，出没隐见，若近若远，庶几有隐君子乎？而其东则庐山，秦人卢敖之所从遁也。西望穆陵，隐然如城郭，师尚父[③]、齐桓公之遗烈，犹有存者。北俯潍水，慨然大息，思淮阴之功，而吊其不终。台高而安，深而明，夏凉而冬温。雨雪之朝，风月之夕，予未尝不在，客未尝不从。撷[④]园蔬，取池鱼，酿秫[⑤]酒，瀹[⑥]

脱粟而食之，曰：“乐哉！游乎！”

方是时，予弟子由⑦，适在济南，闻而赋之，且名其台曰“超然”，以见予之无所往而不乐者，盖游于物之外也。

【注释】

①醨（lí）：米酒。②葺（qì）：用茅草覆盖房子，后泛指修理房屋。③师尚父：姜太公子牙，又名姜尚。④撷（xié）：摘下，取下。⑤秫（shú）：黏高粱，可以做烧酒。⑥瀹（yuè）：煮。⑦子由：苏辙，字子由。

【译文】

任何事物都有可观赏的地方。如果有可以观赏的地方，那么就都可以使人快乐，不必一定要是怪异、新奇、雄伟、瑰丽的东西。吃酒糟、喝薄酒，都可以使人醉；水果蔬菜草木，都可以充饥。以此类推，我去哪里会不快乐呢？

人们之所以追求幸福、避开灾祸，是因为幸福使人高兴，灾祸使人悲伤。人的欲望是无穷尽的，而可以满足我们欲望的事物却是有限的。如果让美好和丑恶的区别在心中交战，获取和舍弃的选择在眼前交织，那么使人快活的东西就少了，而让人悲哀的东西就多了，这正所谓追求灾祸而躲避幸福。追求灾祸、躲避幸福，难道是人希望的吗？是外物在蒙蔽人呀！他们这些人局限在事物之内，而不能遨游在事物之外。事物本来没有大小的分别，如果人拘束于从内部来看待它，那么没有一个不是高大的。它依仗着高大而拦在我面前，那么我就会常常感到眩惑混乱，反复不定，就好像在缝隙中看人争斗，又怎么能知道胜负呢？因为这样，心中充斥着美好和丑恶的差别，忧愁和快乐也就产生了，这不令人感到非常悲哀吗！

我从钱塘调移到胶西任职，放弃舒适快乐地乘舟坐船，承受着坐车骑马的劳苦；放弃了雕绘美丽的住宅，而藏身在用粗木建造的房屋；我远离了湖光山色的美景，来到桑麻遍布的田野。刚到这里的时候连年收成不好，盗贼漫山遍野，案件也堆积着；厨房里空荡无物，每天都吃野菜，人们一定怀疑我不快乐。在这里住了一年后，我的容貌却变得丰满，头发白的地方，反而一天天变黑了。我喜欢这里风俗的淳朴，这里的官吏百姓也习惯了我的愚拙无能。于是，我在这里修整花园菜圃，清洁庭院屋宇，砍伐安丘、高密的树木，用来修补破败的房屋，作为勉强度日的方法。

在园子的北面，靠着城墙筑起的高台已经很旧了，我稍加整修，让它焕然一新。有时候，我和大家一起登台观览，在那儿尽情游玩。从台上向南望去，马耳、常山时隐时现，有时似乎很近，有时又似乎很远，或许有隐士住在那里吧？高台的东面就是卢山，秦人卢敖就是在那里隐遁的。向西望去是穆陵关，那里隐隐约约有一道城墙，姜太公、齐桓公的英雄业绩，尚有留存。向北俯视潍水，我不禁慨叹万分，想起了淮阴侯韩信的赫赫战功，又哀叹他没有善始善终。这台子很高，却也非常安稳。台上的屋子幽深而明亮，夏天凉爽冬天暖和。雨落雪飞的清晨，月明风清的夜晚，我没有不在那里的，朋友们也没有不跟随着我的。我们采摘园子里的蔬菜，钓取池塘里的游鱼，酿造高粱酒，煮着粗糙的米饭，大家一边吃一面赞叹：“多么快活的游乐啊！”

在这个时候，我的弟弟苏辙恰好在济南，听说了就为此写了一篇文章，并且为台取名“超然”，来表现我到哪儿都会快乐的原因，大概就是因为我能遨游在事物之外啊！

【作者简介】

苏轼（1037—1101），北宋文学家、书画家，字子瞻，号东坡居士。苏轼一生仕途坎坷，学识渊博，天资极高，诗文书画皆精。他的文章汪洋恣肆，明白畅达，与欧阳修并称“欧苏”，是“唐宋八大家”之一；苏轼的诗清新豪健，善用夸张、比喻，艺术表现独具风格，与黄庭坚并称“苏黄”；他的词开豪放一派，对后世有巨大影响，与辛弃疾并称“苏辛”；他擅长行书、楷书，能自创新意，用笔丰腴跌宕，有天真烂漫之趣，与黄庭坚、米芾、蔡襄并称“宋四家”；著作有《苏东坡全集》和《东坡乐府》等。

石钟山记

苏轼

【题解】

本篇是苏轼送长子苏迈赴任汝州的途中，路过石钟山而写成的。文章通过记叙作者对石钟山得名由来的探究，说明了要认识事物的真相必须从实际出发，切忌主观臆断的道理。

【原文】

《水经》云：“彭蠡之口有石钟山焉。”郦元以为下临深潭，微风鼓浪，水石相搏，声如洪钟。是说也，人常疑之。今以钟磬置水中，虽大风浪不能鸣也，而况石乎！至唐李渤始访其遗踪，得双石于潭上，扣而聆之，南声函胡，北音清越，枹止响腾，余韵徐歇。自以为得之矣。然是说也，余尤疑之。石之铿然有声者，所在皆是也，而此独以钟名，何哉？

元丰七年六月丁丑，余自齐安舟行适临汝，而长子迈将赴饶之德兴尉，送之至湖口，因得观所谓石钟者。寺僧使小童持斧，于乱石间择其一二扣之，硿硿然。余固笑而不信也。至其夜月明，独与迈乘小舟，至绝壁下。大石侧立千尺，如猛兽奇鬼，森然欲搏人；而山上栖鹘，闻人声亦惊起，磔磔云霄间；又有若老人咳且笑于山谷中者，或曰："此鹳鹤也。"余方心动欲还，而大声发于水上，噌吰[①]如钟鼓不绝。舟人大恐。徐而察之，则山下皆石穴罅，不知其浅深，微波入焉，涵澹澎湃而为此也。舟回至两山间，将入港口，有大石当中流，可坐百人，空中而多窍，与风水相吞吐，有窾坎镗鞳[②]之声，与向之噌吰者相应，如乐作焉。因笑谓迈曰："汝识之乎？噌吰者，周景王之无射[③]也；窾坎镗鞳者，魏庄子之歌钟[④]也。古之人不余欺也！"

事不目见耳闻而臆断其有无，可乎？郦元之所见闻殆与余同，而言之不详；士大夫终不肯以小舟夜泊绝壁之下，故莫能知；而渔工水师虽知而不能言。此世所以不传也。而陋者乃以斧斤考击而求之，自以为得其实。余是以记之，盖叹郦元之简，而笑李渤之陋也。

【注释】

①噌吰（chēng hóng）：拟声词，形容钟鼓的声音。②窾坎（kuǎn kǎn）镗鞳（tāng tà）：窾坎，击物声。镗鞳，钟鼓声。③周景王之无射（yì）：《国语》记载，周景王二十三年铸成"无射"钟。④魏庄子之歌钟：《左传》记载，鲁襄公十一年（前562年），郑人将歌钟和其他乐器献给晋侯，晋侯分出一半赐给晋大夫魏绛。庄子，魏绛的谥号。歌钟，古代乐器。

【译文】

《水经》说："鄱阳湖湖口有一座石钟山在那里。"郦道元认为石钟山下面靠近深潭，微风振动波浪，水和石头

互相拍打，发出的声音好像大钟一般。这个说法，人们常常怀疑它。现在把钟放在水中，即使是大风大浪也不能使它发出声响，何况石头呢！到了唐代李渤才开始访求石钟山的旧址。李渤在深潭上找到两块山石，敲打着听声音，南边那座山石的声音重浊而模糊，北边那座山石的声音清脆而响亮，鼓槌停止了敲击，声音还在传播，余音慢慢地消失。他自认为找到了这座石钟山命名的原因。但这个说法，我更加怀疑。被敲击后能发出响亮声响的石头，到处都有，可唯独这座山用钟来命名，为什么？

元丰七年（1084年）六月初九，我从齐安坐船到临汝去，大儿子苏迈将要去就任饶州德兴县的县尉，我送他到湖口，因而能够看到所说的石钟山。庙里的和尚让小童拿着斧头，在乱石中间敲打，石头硿硿地发出声响，我自然觉得很好笑，并不相信。到了晚上月光明亮，我特地和苏迈坐着小船到断壁下面。巨大的山石耸立着，有千尺之高，好像凶猛的野兽和诡异的鬼怪，阴森森地想要袭击人。又好像山上宿巢的老鹰，听到人声受惊飞起，在云霄间发出磔磔怪响。又好像老人在山谷中咳嗽和大笑的声音，有人说这是鹳鹤。我正心惊地想要回去，忽然巨大的声音从水上发出，像敲钟击鼓一样声音洪亮，毫不停歇。船夫很惊恐。我慢慢地观察，山下都是石穴和缝隙，不知它们有多深，细细的水波涌进去，水波激荡，因此发出这种声音。船回到两山之间，将要进入港口，有块大石头正对着水的中央，上面可以坐一百来人，中间是空的，而且有许多窟窿，把清风和水波吞进去，又吐出来，发出窾坎镗鞳的声音。同先前噌吰的声音相互应和，好像在演奏着音乐。于是我笑着对苏迈说："你知道那些典故吗？那噌吰的响声，是周景王无射钟的声音，窾坎镗鞳的响声，是魏庄子歌钟的声音。古人果然不欺骗我啊！”

任何事情不用眼睛看见或用耳朵听，只凭主观臆断去猜测它的有或没有，可以吗？郦道元所看到的，所听到的，大概和我一样，但是描述得不详细。士大夫终究不愿在夜里乘小船在悬崖绝壁之下停泊，所以没能知道。渔人和船夫，虽然知道石钟山命名的真相却不能用文字记载。这就是石钟山命名由来没有流传于世的原因。然而浅陋的人竟然用斧头敲打石头来寻求原因，自以为得到了石钟山命名的真相。我因此记下了这些，既叹惜郦道元简略，又笑李渤的浅陋啊。

前赤壁赋

苏轼

【题解】

本篇是苏轼的名篇。文章先写了夜游赤壁的情景，进而写到作者饮酒放歌的欢乐和客人悲凉的箫声，然后自然地发出了对人生短促无常的感叹。最后，苏轼从这种感叹中超脱出来，抒发了他豁达的宇宙观和人生观。

【原文】

壬戌之秋，七月既望[①]，苏子与客泛舟游于赤壁之下。清风徐来，水波不兴。举酒属客，诵《明月》之诗，歌“窈窕”之章。少焉，月出于东山之上，徘徊于斗牛之间。白露横江，水光接天。纵一苇之所如，凌万顷之茫然。浩浩乎如冯虚御风[②]，而不知其所止；飘飘乎如遗世独立，羽化而登仙。

于是饮酒乐甚，扣舷而歌之。歌曰：“桂棹兮兰桨，击空明兮溯流光。渺渺兮予怀，望美人兮天一方。”客有吹洞箫者，依歌而和之。其声呜呜然，如怨如慕，如泣如诉；余音嫋嫋，不绝如缕。舞幽壑之潜蛟，泣孤舟之嫠妇。

苏子愀然，正襟危坐，而问客曰：“何为其然也？”客曰：“‘月明星稀，乌鹊南飞’③，此非曹孟德之诗乎？西望夏口，东望武昌，山川相缪，郁乎苍苍，此非孟德之困于周郎者乎？方其破荆州，下江陵，顺流而东也，舳舻千里，旌旗蔽空，酾酒临江，横槊赋诗，固一世之雄也，而今安在哉？况吾与子渔樵于江渚之上，侣鱼虾而友麋鹿，驾一叶之扁舟，举匏樽以相属。寄蜉蝣于天地，渺沧海之一粟。哀吾生之须臾，羡长江之无穷。挟飞仙以遨游，抱明月而长终。知不可乎骤得，托遗响于悲风。”

苏子曰：“客亦知夫水与月乎？逝者如斯，而未尝往也；盈虚者如彼，而卒莫消长也。盖将自其变者而观之，则天地曾不能以一瞬；自其不变者而观之，则物与我皆无尽也，而又何羡乎！且夫天地之间，物各有主，苟非吾之所有，虽一毫而莫取。惟江上之清风，与山间之明月，耳得之而为声，目遇之而成色，取之无禁，用之不竭。是造物者之无尽藏也，而吾与子之所共适。”

客喜而笑，洗盏更酌。肴核既尽，杯盘狼藉。相与枕藉乎舟中，不知东方之既白。

【注释】

①既望：农历十六。既，过了。望，农历十五。②冯虚御风：（像长出羽翼一样）驾风凌空飞行。冯，通“凭”，凭借。虚，太空。御，驾驭。③月明星稀，乌鹊南飞：曹操于赤壁之战前所赋《短歌行》中的诗句。

【译文】

壬戌年秋，七月十六，我与客人泛舟在赤壁之下。阵阵清风拂来，水面没有波澜兴起。我举起酒杯向客人敬酒，吟诵着《诗经》中与明月有关的篇章。过了一会儿，月亮从东山升起，徘徊在斗宿与牛宿之间。白茫茫的水汽横贯在江面，闪烁的水光连接到天边。放任一叶扁舟在江上飘荡，越过万顷茫茫的江面。我们好像乘着风在天上飞，却不知道在哪里停止，飘飘然如远离尘世，自由自在，变成了飞升的神仙。

这时候喝酒喝得很高兴，大家就用手叩击着船舷，应声高歌。歌中唱道："桂木船棹呵木兰桨，迎击空明的波纹，逆着流水泛光。悠远的是我的心呵，思念着天涯那边的伊人。"有吹洞箫的朋友，按着节奏为歌声伴和。洞箫呜呜有声，像是怨怼，又像是思慕，像是哭泣，又像是倾诉，尾声凄婉悠长，如同剪不断的细丝，能使深谷中的蛟龙为之起舞，能使孤舟上的寡妇听了落泪。

苏轼面露忧愁凄怆，他整好衣襟坐正，向客人问道："曲调为什么这样悲凉呢？"同伴回答："'月明星稀，乌鹊南飞'，这不是曹公孟德的诗吗？这里向西可以望到夏口，向东可以望到武昌，山川相连，一片苍翠。这不正是曹操被周瑜围困的地方吗？当他攻下荆州，夺得江陵，沿长江顺流东下，麾下的战船延绵千里，旌旗将天空全都遮蔽，在江边持酒而饮，横执矛槊吟诗作赋的时候，确实是一代枭雄啊，而今天又在哪里呢？何况我与你捕鱼砍柴，和鱼虾做伴，与麋鹿为友，驾着这一叶小舟，举起杯盏相互敬酒，如同蜉蝣寄托在广阔的天地中，像沧海中的一颗粟米那样渺小。我哀叹人生只是短暂的片刻，羡慕长江的无穷无尽。我愿与仙人携手遨游各地，与明月相拥而长存人间。只是我知道这些不可能总是得到，只得将遗憾化为箫音，寄托在悲凉的秋风中。”

苏轼说：“客人也知道水与月吗？不断流逝就像这江水一样，其实并没有真正逝去；时圆时缺的就像这月，但是最终并没有增减。可见，从事物变化的一面看，天地间没有一瞬不发生变化；而从事物不变的一面来看，万物与自我的生命都永恒不变，又有什么可羡慕的呢？况且天地之间，事物各有自己的归属，假若不是自己拥有的，即使一分一毫也不该求取。只有江上的清风，以及山间的明月，耳朵听到便成了声音，进入眼帘便成了颜色，取得这些不会有人禁止，享用这些也不会用完。这是造物者的没有穷尽的大宝藏，你我尽可以一起享用。”

于是客人高兴地笑了，我们洗了酒杯重新斟酒。直到菜肴和果品都被吃光，只剩下桌上的杯碟一片凌乱。在船里互相枕着垫着睡去，不知天边已经变白。

凌虚台记

苏轼

【题解】

这篇文章源自当时的扶风太守陈某为登高眺远建筑了一座土台，并请苏轼为他写文纪念。文章记叙了凌虚台修建的经过，联想到古往今来的兴废成败的历史，通过对人事万物的变化无常的感叹，指出不能稍有所得就轻易满足，而应去探求更恒久的东西，体现了苏轼勇于探索的精神和对好大喜功之风的劝谏。

【原文】

国①于南山之下，宜若起居饮食与山接也。四方之山，莫高于终南；而都邑之丽山者，莫近于扶风。以至近求最高，其势必得。而太守之居，未尝知有山焉。虽非事之所以损益，而物理有不当然者。此凌虚之所为筑也。

方其未筑也，太守陈公杖履逍遥于其下。见山之出于林木之上者，累累如人之旅行于墙外而见其髻也。曰："是必有异。"使工凿其前为方池，以其土筑台，高出于屋之檐而止。然后人之至于其上者，恍然不知台之高，而以为山之踊跃奋迅而出也。公曰："是宜名凌虚。"以告其从事苏轼，而求文以为记。

轼复于公曰："物之废兴成毁，不可得而知也。昔者荒草野田，霜露之所蒙翳，狐虺之所窜伏。方是时，岂知有凌虚台耶？废兴成毁，相寻于无穷，则台之复为荒草野田，皆不可知也。尝试与公登台而望，其东则秦穆之祈年、橐泉也，其南则汉武之长杨、五柞，而其北则隋之仁寿、唐之九成也。计其一时之盛，宏杰诡丽，坚固而不可动者，岂特百倍于台而已哉！然而数世之后，欲求其仿佛，而破瓦颓垣无复存者，既已化为禾黍荆棘丘墟陇亩矣，而况于此台欤！夫台犹不足恃以长久，而况于人事之得丧，忽往而忽来者欤！而或者欲以夸世而自足，则过矣。盖世有足恃者，而不在乎台之存亡也。"既以言于公，退而为之记。

【注释】

①国：指都市，城邑。这里用作动词，建城。

【译文】

在终南山脚下建立的城市，起居饮食应当都与山相近。四面的山，没有比终南山更高的。而城市当中靠近山的，没有比扶风城更近的。在离山最近的地方，要看到最高的终南山，应该是一定可以做到的事。但太守住得这么近，开始还不知道有山。虽然这对事情好坏没有什么影响，但按事物的常理来说不该这样，这就是修筑凌虚台的原因。

就在凌虚台修建之前，陈太守拄着拐杖，穿着布鞋在山下游览，见那座高出树林之上的山峰，重重叠叠，正如在墙内看见一个在墙外行走的人的发髻形状一样。陈太守说："这座山必然有不同之处。"于是派工匠在山前开凿了一个方池，用挖出来的土修建一个高台。修到高出屋檐才停止。之后的游人到了台上，都迷茫地不知道哪来的这么高的台子，而认为是山起伏运动突然冒出来的。陈公说："这台应该叫凌虚台。"就把这件事告诉了他的下属苏轼，让苏轼写篇文章来记叙。

苏轼回复陈公说："事物的兴盛和衰败，是没办法预料的。这里从前是长满了荒草，覆盖着霜露，狐狸和毒蛇出没的野地，在那时，怎么知道今天这里会出现凌虚台呢？兴盛和衰败的交替无休无止，那么高台是否又会变回长满荒草的野地，都是不能预料的。我曾试着和陈公一起登台而望，向东面看，就是当年秦穆公的祈年、橐泉两座宫殿，南面就是汉武帝的长杨、五柞两座宫殿，其北面就是隋朝的仁寿宫、唐朝的九成宫。回想它们当时的兴盛、宏伟、神奇、壮丽、坚固，哪里只是比一座高台多一百倍而已！然而几百年之后，想要寻找它们的样子，却连破瓦断墙都找不到，那里已经变成种庄稼的田亩和长满荆棘的废墟了。相比之下这座高台又怎样呢？一座高台尚且不足以长久依靠，更何况人世间的得失，都是非常迅速的，如果有人想要以修建高台夸耀于世来自我满足，那他就错了。世上确实有足以依靠的东西，但是和高台的存在与否是没有关系的。”我将这些话告诉陈公后，为他写了这篇记。

留侯论

苏轼

【题解】

这篇文章是宋仁宗嘉祐六年（1061年），苏轼为答御试策而写的论策中的一篇。文章通过对留候张良一生事迹的描写和论述，论证了“忍小忿而就大谋”的重要性。这篇文章文笔纵横捭阖，行文雄辩而富有气势，体现了苏轼汪洋恣肆的风格。

【原文】

古之所谓豪杰之士，必有过人之节。人情有所不能忍者，匹夫见辱，拔剑而起，挺身而斗，此不足为勇也。天下有大勇者，卒然临之而不惊，无故加之而不怒。此其所挟持者甚大，而其志甚远也。

夫子房受书于圯上之老人也，其事甚怪；然亦安知其非秦之世，有隐君子者出而试之。观其所以微见其意者，皆圣贤相与警戒之义；而世不察，以为鬼物，亦已过矣。且其意不在书。

当韩之亡，秦之方盛也，以刀锯鼎镬①待天下之士。其平居无罪夷灭者，不可胜数。虽有贲、育，无所获施。夫持法太急者，其锋不可犯，而其势未可乘。子房不忍忿忿之心，以匹夫之力而逞于一击之间；当此之时，子房之不死者，其间不能容发，盖亦危矣。

千金之子，不死于盗贼，何者？其身可爱，而盗贼之不足以死也。子房以盖世之才，不为伊尹、太公之谋，而特出于荆轲、聂政之计，以侥幸于不死，此圯上老人所为深惜者也。是故倨傲鲜腆[2]而深折之。彼其能有所忍也，然后可以就大事，故曰："孺子可教也。"

楚庄王伐郑，郑伯肉袒牵羊以迎。庄王曰："其君能下人，必能信用其民矣。"遂舍之。勾践之困于会稽，而归臣妾于吴者，三年而不倦。且夫有报人之志，而不能下人者，是匹夫之刚也。夫老人者，以为子房才有余，而忧其度量之不足，故深折其少年刚锐之气，使之忍小忿而就大谋。何则？非有生平之素，卒然相遇于草野之间，而命以仆妾之役，油然而不怪者，此固秦皇之所不能惊，而项籍之所不能怒也。

观夫高祖之所以胜、项籍之所以败者，在能忍与不能忍之间而已矣。项籍唯不能忍，是以百战百胜而轻用其锋；高祖忍之，养其全锋而待其敝，此子房教之也。当淮阴破齐而欲自王，高祖发怒，见于词色。由此观之，犹有刚强不能忍之气，非子房其谁全之？

太史公疑子房以为魁梧奇伟，而其状貌乃如妇人女子，不称其志气。呜呼！此其所以为子房欤！

【注释】

①刀锯鼎镬（huò）：指古代四种酷刑刑具，指代最残酷的刑罚。刀锯，古刑具，也指割刑和刖刑。鼎，古代烹用的青铜器物。镬，大锅。鼎镬，用来把人煮死的刑具。②倨傲鲜腆：傲慢而缺少善意。

【译文】

古时候被人称作豪杰的士人，一定具有超人的气节，能忍受常人无法忍受的事情。有勇无谋的人被侮辱，一定会拔起剑，挺身上前搏斗，这不足够被称为勇士。天下真正具有豪杰气概的人，遇到突发的情形毫不惊慌，当无故受到别人侮辱时，也不愤怒。这是因为他们胸怀极大的抱负，志向非常高远。

张良被桥上老人授予兵书这件事，确实很古怪。但是，又怎么知道那不是秦代的一位隐居君子出来考验张良呢？看那老人微微显露自己用意的方式，都具有圣贤相互提醒告诫的意义。一般人不明白，把那老人当作神仙，太荒谬了。再说，桥上老人的真正用意并不在于授予张良兵书，而在于使张良学会忍耐，成就大事。

韩国灭亡，正是秦国十分强盛的时候，秦王嬴政用刀斧油锅对付天下的志士，那种待在家里却被平白无故抓去灭族的人，多得数也数不清。就是孟贲、夏育那样的勇士，也没有再施展本领的机会了。凡是执法严苛的君王，是不好去硬碰他的刀锋的，而他的气势是不可以凭借的。张良压不住心中对秦王的愤怒，仅凭他个人的力量，在一次阻击中求得一时的痛快，在那时他没有被捕被杀，可是当时的情况间不容发，也太危险了！

富贵人家的子弟，是不肯死在盗贼手里的。为什么呢？因为他们的生命宝贵，死在盗贼手里太不值得。张良有超越世人的才能，不去做伊尹、姜尚所谋划的那些深谋远虑的事，反而只学荆轲、聂政行刺的下策，因侥幸没有死掉，这必定是桥上老人为他深深感到惋惜的地方。所以那老人故意态度傲慢无理、言语粗恶地深深羞辱他，他如果能忍受得住，方才可以凭借这一点而成就大业，所以到最后，老人说：“这个年轻人可以教育了。”

楚庄王攻打郑国，郑襄公脱去上衣袒露身体、牵了羊来迎接。庄王说："国君能够对人谦让，委屈自己，一定能得到自己老百姓的信任和效力。"就此放弃对郑国的进攻。越王勾践在会稽陷于困境，他到吴国去做奴仆，好几年都不懈怠。再说，有向人报仇的心愿，却不能寄人篱下的，这只是普通人的刚强而已。那老人认为张良才智有余，而担心他的度量不足，因此深深挫折他年轻人刚强锐利的脾气，使他能忍得住小小的怨愤去成就远大的事业。为什么这样说呢？老人和张良并没有交情，突然在郊野之间相遇，却拿奴仆的低贱之事来让张良做，张良觉得很自然，不觉得怪异，这本是秦始皇不能让他惊惧，项羽不能激怒他的原因。

要说汉高祖之所以成功，项羽之所以失败，原因就在于一个能忍耐、一个不能忍耐罢了。项羽不能忍耐，因此虽然在战斗中百战百胜，却太过轻易地使用他的刀锋。汉高祖能忍耐，保持自己完整强劲的战斗力，直到对方疲惫了才出击。这是张良教给他的。当淮阴侯韩信攻破齐国要自立为王时，高祖为此发怒了，愤怒之气溢于言表，由此可以看出，他还有刚强不能忍耐的气度，不是张良，谁能成全他？

司马迁本猜测张良的样貌，一定是魁伟的，谁想到他长得如同妇人女子一般清秀，与他的志气和度量不相匹配。啊！这就是张良之所以成为张良的原因吧。

上枢密韩太尉书

苏辙

【题解】

宋仁宗嘉祐元年（1056年），苏轼、苏辙兄弟随父亲去京师，在京城得到当时文坛盟主欧阳修的赏识。第二年，苏轼、苏辙兄弟高中进士，“三苏”之名就此享誉天下。苏辙在高中进士后给当时的枢密使韩琦写了一封信，这就是《上枢密韩太尉书》。

【原文】

太尉执事①：辙生好为文，思之至深。以为文者气之所形，然文不可以学而能，气可以养而致。孟子曰：“我善养吾浩然之气。”今观其文章，宽厚宏博，充乎天地之间，称其气之小大。太史公行天下，周览四海名山大川，与燕、赵间豪俊交游，故其文疏荡②，颇有奇气。此二子者，岂尝③执笔学为如此之文哉？其气充乎其中而溢乎其貌，动乎其言④而见乎其文，而不自知也。

辙生十有九年矣。其居家所与游者，不过其邻里乡党之人；所见不过数百里之间，无高山大野可登览以自广；百氏之书，虽无所不读，然皆古人之陈迹，不足以激发其志气。恐遂汩没⑤，故决然舍去，求天下奇闻壮观，以知天地之广大。过秦、汉之故都，恣观终南、嵩、华之高，北顾黄河之奔流，慨然想见古之豪杰。至京师，仰观天子宫阙之壮，与仓廪⑥府库、城池苑囿⑦之富且大也，而后知天下之巨丽。见翰林欧阳公，听其议论之宏辩，观其容貌之秀伟，与其门人贤士大夫游，而后知天下之文章聚乎此也。太尉以才略冠天下，天下之所恃以无忧，四夷之所惮以不敢发，入则周公、召公，出则方叔、召虎。而辙也未之见焉。

且夫人之学也，不志其大，虽多而何为？辙之来也，于山见终南、嵩、华之高，于水见黄河之大且深，于人见欧阳公，而犹以为未见太尉也。故愿得观贤人之光耀，闻一言以自壮，然后可以尽天下之大观而无憾者矣。

辙年少，未能通习吏事。向之来，非有取于斗升之禄，偶然得之，非其所乐。然幸得赐归待选，使得优游数年之间，将以益治其文，且学为政。太尉苟以为可教而辱教之⑧，又幸矣！

【注释】

①执事：侍从。②疏荡：洒脱而不拘束。③岂尝：难道，曾经。④动乎其言：反映在他们的言辞里。⑤汩（gǔ）没：沉没。⑥仓廪（lǐn）：粮仓。⑦苑囿（yòu）：猎苑。⑧辱教之：屈尊教导我。

【译文】

太尉执事：苏辙生性喜好写文章，对这些想得很多。我认为文章是气的外延，而文章不是仅凭学习就能写好的，气却可以通过培养而达到。孟子说："我善于培养自己的浩然之气。"现在看他的文章，宽大厚重宏伟博大，像是充满了天地之间，同他气的大小相符合。司马迁走遍天下，广览四海的名山大川，与燕、赵之间的英豪俊杰交往遨游，所以他的文章放达不羁，颇有奇伟之气。这两个人，难道曾经用笔特意学写过这种文章吗？这是因为他们的气充盈着内心而表露在外，反映在言辞里，表现出来就成了文章，而他们自己却并没有觉察到。

苏辙出生已经十九年了。我住在家里时，交往的不过是邻居同乡这一类人，所看到的，不过是几百里之内的景物，没有开阔的原野和高山可以登临游览，来开阔自己的心胸。诸子百家的书，虽然都读了，但那都是古人的东西，不能激发我求知的志气。我担心就此被埋没，所以毅然离开家乡，去寻访天下的奇闻壮景，以便了解天地的广大。我经过秦朝、汉朝的故都，尽情游览终南山、嵩山、华山的高峻，向北眺望黄河奔腾的流水，深有感触地回忆起古代的英雄豪杰。到了京城，我抬头看到天子宫殿的壮丽，以及粮仓、府库、城池、苑囿的庞大和富庶，这才知道天下的广阔富丽。我见到翰林学士欧阳公，听到他宏大雄辩的议论，看到他秀美奇伟的容貌，同他的贤达的学生交往遨游，这才知道天下的文章精粹都汇聚在这里。太尉因雄才大略冠绝天下，全国人无忧无虑地依靠着您，四方异族国家惧怕您而不敢侵犯，在朝廷之内，您像周公、召公一样辅君有方，领兵出征，您像方叔、召虎一样御敌立功。可是我至今还未见到您啊。

况且在一个人的学习方面，如果没有树立远大志向，即使学了很多又能做什么？苏辙这次前来，对于山，看到了终南山、嵩山、华山的高耸险峻；对于水，看到了黄河的深度和宽阔；对于人，看到了欧阳公，可是仍把没有拜见您作为一件憾事。所以我希望能够一睹贤人的风采，就算听到您的一句话，也足够来激发我的壮志雄心，这样就算看遍了天下的壮景而不会再有什么遗憾了。

苏辙年纪很轻，还没能够通晓做官的道理。先前来京应试，并不是为了求取微薄的薪水，偶然得到了，也不足以开心。然而有幸得到恩赐还乡，等待吏部的选用，使我能够有几年空暇的时间，我将用它来更好地研究文章，并且学习从政的方法。太尉假如认为我还可以教诲而肯屈尊教导我的话，那我就更感到幸运了！

【作者简介】

苏辙（1039—1112），字子由，“唐宋八大家”之一，与父洵、兄轼齐名，合称“三苏”。嘉祐二年（1057年）与兄长苏轼同登进士科。后来因反对王安石变法，被贬为河南推官。后又因事触怒了哲宗及元丰诸臣，再度被贬官。苏辙生平学问深受其父兄影响，以儒学为主，最倾慕孟子而又遍观百家。他擅长政论和史论，在政论中纵谈天下大事。他的散文风格汪洋淡泊，成就很大。

游褒禅山记

王安石

【题解】

本篇写于宋仁宗至和元年（1054年），是王安石与他的两位朋友和两个胞弟同游褒禅山后所写。这是一篇记述与议论相结合的散文，与一般游记不同，本文虽以游记命题，但所写重点不在于记游，而在于写作者在游览中的心得和体会。文章通过对褒禅山奇伟瑰怪精致的细致描写，抒发了王安石力图精进，永攀高峰的精神。

【原文】

褒禅山亦谓之华山，唐浮图[①]慧褒始舍于其址，而卒葬之，以故其后名之曰褒禅。今所谓慧空禅院者，褒之庐冢也。距其院东五里，所谓华山洞者，以其乃华山之阳名之也。距洞百余步，有碑仆道，其文漫灭，独其为文犹可识，曰“花山”。今言“华”如“华实”之“华”者，盖音谬也。

其下平旷，有泉侧出，而记游者甚众，所谓“前洞”也。由山以上五六里，有穴窈然，入之甚寒，问其深，则其好游者不能穷也，谓之“后洞”。予与四人拥火以入，入之愈深，其进愈难，而其见愈奇。有怠而欲出者，曰：“不出，火且尽。”遂与之俱出。盖予所至，比好游者尚不能十一，然视其左右，来而记之者已少。盖其又深，则其至又加少矣。方是时，予之力尚足以入，火尚足以明也。既其出，则或咎其欲出者，而予亦悔其随之，而不得极乎游之乐也。

于是予有叹焉。古人之观于天地、山川、草木、虫鱼、鸟兽，往往有得，以其求思之深而无不在也。夫夷以近，则游者众；险以远，则至者少。而世之奇伟瑰怪，非常之观，常在于险远，而人之所罕至焉，故非有志者不能至也。有志矣，不随以止也，然力不足者，亦不能至也。有志与力，而又不随以怠，至于幽暗昏惑而无物以相之，亦不能至也。然力足以至焉，于人为可讥，而在己为有悔；尽吾志也而不能至者，可以无悔矣，其孰能讥之乎？此予之所得也！

予于仆碑，又以悲夫古书之不存，后世之谬其传而莫能名者，何可胜道也哉！此所以学者不可以不深思而慎取之也。

四人者：庐陵萧君圭君玉，长乐王回深父，予弟安国平父、安上纯父。

【注释】

①浮图：梵语音译词，也作“浮屠”或“佛图”，本意是佛或佛教徒，这里指和尚。

【译文】

褒禅山也称为华山。唐代和尚慧褒最开始在这里造屋居住，死后又葬在这里，因此后人把这座山命名为褒禅山。现在人们说的慧空禅院，就是慧褒和尚的墓。距离那禅院东边五里，是人们所说的华山洞，因为它在华山南面而得名。距离山洞一百多步，有一座石碑倒在路旁，上面的文字已经剥蚀，损坏得近乎磨灭，只有从勉强能认得出的地方辨识出

“花山”的字样。现在将“花”写作“华实”的“华”，大概是因读音相同而产生的错误。

由这里向下的那个山洞平坦而空阔，有一股山泉从旁边涌出，在这里游览、题字的人很多，这就是人们所说的前洞。经由山路向上五六里，有个幽深的洞穴，进去便觉得寒气逼人，要知道它的深度，即使是那些喜欢游险的人也未能走到尽头，这是人们所说的“后洞”。我与四个人打着火把走进去，走得越深，前进就越困难，而所见到的景象也越奇妙。有个不想前进想退出的伙伴说：“再不出去，火把就要熄灭了。”于是，我们只好都跟着他退了出来。大概我们走进去的深度，比起那些喜欢探险的人来说，还不足十分之一，然而看看左右的石壁，来此而题字的人已经很少了。洞内更深的地方，大概能去到那里的游人就更少了。当决定从洞内退出时，我的体力还足够前进，火把还能够继续照明。我们出洞以后，就有人埋怨那个主张退出的人，我也后悔跟他出来，而没能享尽游洞的乐趣。

在这种情况下我有了感慨。古人对于天地、山川、草木、虫鱼、鸟兽的观察游览，大都能有所收获，是因为他们探究、思考问题深远而全面。道路平坦距离又近的地方，前来游览的人很多；道路艰险而又偏远的地方，前来游览的人就少了。但是世上奇妙雄伟、珍异奇特、非同寻常的景观，常常在那险阻、僻远、人迹罕至的地方，所以，没有意志的人是不能到达的。即使有了意志，也不因盲从别人而停止，但是体力不足的，也不能到达。有了意志和体力，也不因盲从别人而有所懈怠，但到了那幽深昏暗、令人迷乱的地方而没有必要的物件来照明，也不能到达。不过，力量足以达到目的而没能达到，在别人看来就是可以讥笑的，在自己来说也是有所悔恨的；尽力了而未能达到，便可以因为这一点而无所悔恨，难道还有谁能讥笑他吗？这就是我得到的收获了。

我返回到那倒在路上的石碑的旁边时，又感叹这些古代刻写的文献不能存留。被后世讹传却没人能弄清真相的事，哪能说得完呢？这就是求学的人不可以不深入思考而谨慎取舍的原因了。

同游的四个人：庐陵人萧君圭、字君玉，长乐人王回、字深父，我的弟弟王安国、字平父，王安上、字纯父。至和元年七月，临川人氏王安石记。

【作者简介】

王安石（1021—1086），字介甫，号半山，北宋著名政治家、思想家、文学家、改革家，“唐宋八大家”之一。王安石不仅是一位杰出的政治家，在文学上，他还积极推动了北宋中期开展的诗文革新运动，对扫除宋初风靡一时的浮华余风做出了巨大贡献。他的散文雄健简练、奇崛峭拔，善于以简洁明快的叙述，说明发人深省的道理。

读孟尝君传

王安石

【题解】

《读孟尝君传》是中国最早的驳论文。这篇文章不到一百字，却以强劲峭拔的气势，跌宕变化的层次，雄健有力的笔调，有力地揭露了孟尝君其实没有得到真正的贤士。

【原文】

世皆称孟尝君能得士，士以故归①之，而卒②赖其力以脱于虎豹之秦。嗟乎！孟尝君特[③]鸡鸣狗盗之雄耳，岂足以言得士？不然，擅齐之强[④]，得一士焉，宜可以南面而制秦，尚何取鸡鸣狗盗之力哉？鸡鸣狗盗之出其门，此士之所以不至也。

【注释】

①归：投奔。②卒：终于。③特：只，仅仅。④擅齐之强：拥有齐国的强大国力。擅，拥有。

【译文】

世人都说孟尝君能得到贤士的心，贤士也因此投奔他，孟尝君也终于依赖他们的力量，从虎豹一样的秦国逃脱出来。唉！孟尝君仅仅是一群鸡鸣狗盗之徒的首领啊，怎能说得上是得到了贤士的心？如果不是这样，孟尝君拥有齐国强大的国力，只要得到一个真正的贤士，就可以凭借国力面向南方称王而压制秦国，哪里还要借助鸡鸣狗盗之徒的力量呢？而鸡鸣狗盗之人出入于他的门下，正是真正的贤士不到他门下的原因。

阅江楼记

宋濂

【题解】

阅江楼在今南京狮子山，是因朱元璋的诏令而建的，本文是宋濂奉诏写下的一篇歌颂性散文。这篇文章之所以能流传千古，是因为文章并不一味地奉迎，宋濂在歌功颂德的同时，也暗含了讽劝的意味。文章写得庄重典雅，委婉含蓄，暗含了劝谏统治者要处处想着国家社稷和民生疾苦的深意。

【原文】

金陵为帝王之州。自六朝迄于南唐，类皆偏据一方，无以应山川之王气。逮我皇帝，定鼎[①]于兹，始足以当之。由是声教所暨，罔间朔南；存神穆清，与天同体。虽一豫一游[②]，亦可为天下后世法。京城之西北有狮子山，自卢龙蜿蜒而来。长江如虹贯，蟠绕其下。上以其地雄胜，诏建楼于巅，与民同游观之乐。遂锡嘉名为“阅江”云。

登览之顷，万象森列，千载之秘，一旦轩露。岂非天造地设，以俟大一统之君，而开千万世之伟观者欤？当风日清美，法驾幸临，升其崇椒，凭阑遥瞩，必悠然而动遐思。见江汉之朝宗，诸侯之述职，城池之高深，关阨之严固，必曰：“此朕栉风沐雨、战胜攻取之所致也。”中夏之广，益思有以保之。见波涛之浩荡，风帆之上下，番舶接迹而来庭，蛮琛联肩而入贡，必曰：“此朕德绥威服，覃及内外之所及也。”四陲之远，益思有以柔之。见两岸之间、四郊之上，耕人有炙肤皲足[③]之烦，农女有捋桑行馌[④]之勤，必曰：“此朕拔诸水火、而登于衽席者也。”万方之民，益思有以安之。触类而思，不一而足。臣知斯楼之建，皇上所以发舒精神，因物兴感，无不寓其致治之思，奚止阅夫长江而已哉！彼临春、结绮，非不华矣；齐云、落星，非不高矣。不过乐管弦之淫响，藏燕、赵之艳姬。一旋踵间而感慨系之，臣不知其为何说也。

虽然，长江发源岷山，委蛇七千余里而入海，白涌碧翻，六朝之时，往往倚之为天堑；今则南北一家，视为安流，无所事乎战争矣。然则果谁之力欤？逢掖[⑤]之士，有登斯楼而阅斯江者，当思圣德如天，荡荡难名，与神禹疏凿之功同一罔极。忠君报上之心，其有不油然而兴耶？

臣不敏，奉旨撰记，欲上推宵旰[⑥]图治之功者，勒诸贞珉。他若留连光景之辞，皆略而不陈，惧亵也。

【注释】

①定鼎：传说夏禹铸九鼎象征九州，历商、周，一直作为传国重器置于国都，后称定都或建国为定鼎。②一豫一游：巡游。豫，义同“游”。③皲（jūn）足：冻裂脚上的皮肤。④行馌（yè）：给田间耕作的农夫送饭。⑤逢掖：宽袖之衣，古代儒者所服，因用作士人的代称。⑥宵旰（gàn）：即宵衣旰食，指勤于政务，早起晚食。

【译文】

金陵是帝王居住的城池。从六朝到南唐，全都是偏安一方的朝代，没法与此地山川所呈现的王气相适应。直到当今皇上在这里建国定都，才足以与这王气相当。从此声威教化所到之处，不再因南北而有所阻隔；政令和睦而清明，几乎与天道融为一体。即使皇上的一次出外巡游，也足以被后世效法。京城的西北方有座狮子山，是从卢龙山蜿蜒伸展而来。那长江有如一道长虹，盘绕着流过山脚下。皇上因为这里的地势雄伟壮观，下诏在山顶建楼，与百姓同享游览观景的快乐，于是赐给它美妙的名字叫“阅江”。

登楼极目四望，万千景色次第罗列，千年的大地秘藏，似乎在顷刻显露无遗。这难道不是天地有意造就了美景，等待着一统海内的明君，来展现千秋万世的奇观吗？每当风和日丽的时候，皇上的车驾降临，他登上山巅，倚着栏杆远眺，必定神态悠悠地开始遐想。看那江汉的流水滔滔东去，诸侯们排着队赴京朝见天子，看那高大的城墙、深凹的护城河以及严密固防的关隘，皇上必定说：“这是我栉风沐雨、战胜强敌、攻城取地所获得的啊。”对于广阔的中华大地，更想要来保全它。看那波涛浩荡起伏，帆船上下颠簸，外国船只连续前来朝见，四方珍宝争相进贡奉献，皇上必定说："这是我用恩德安抚，以威势镇服，声望延及海内才实现的啊。"对于四方偏远的边陲，更想到要设法安抚它们。看那大江两岸之间，四郊田野上面，耕夫有着烈日烘烤皮肤、寒气冻裂脚趾的烦劳，农女有采桑送饭的辛勤，皇上必定说："这是我拯救于水火之中，而安置在床席之上的人啊。"对于天下的黎民，更想到要让他们安居乐业。由看到这类景象而触发的感慨，推及起来，真是数不胜数。我知道这座楼的兴建，是皇上用来舒展自己的怀抱的。对着景物而触发的感慨，无不寄托着他有志于治理天下的思绪，岂止是观赏长江的风景呢？那临春阁、结绮阁，不是不华美啊；齐云楼、落星楼，不是不高大啊，但只不过是为了演奏淫逸的歌曲而感到快乐罢了，或者藏匿着燕、赵的美女以供寻欢。转瞬之间便与无穷的感慨联结在一起，我真不知怎样来解释它啊。

虽然这样，长江发源于岷山，曲折蜿蜒地流经七千余里才东流入海，白色的波涛汹涌、碧色的浪花翻腾，六朝的时候，往往倚靠它当作天然险阻。现在南北一家，于是将长江看作平安的河流，不再用于战争了。然而，这到底是谁的力量呢？读书人有登上此楼观看此江的，应当想到皇上的恩德有如苍天般浩荡。真难以形容它的广阔，简直同大禹开凿大山，疏通洪水来拯救万民的功绩一样无边无际。那么忠君报国的心情，难道不会油然而生的吗？

我没有才能，奉皇上旨意撰写这篇记文，于是准备将心中替皇上考虑到的，皇上那昼夜辛劳操持的国事中最急切之处，铭刻在碑石上。至于其他流连光景的言辞，一概略而不言，害怕有所亵渎。

【作者简介】

宋濂（1310—1381），字景濂，元末明初文学家，曾被明太祖朱元璋誉为“开国文臣之首”。宋濂与高启、刘基并称为“明初诗文三大家”。在文学主张上，宋濂坚持写散文要明道致用、宗经师古，强调“辞达”，注意“通变”，要求“因事感触”而为文，他的散文内容比较充实，有一定的艺术功力。

瘗[①]旅文

王守仁

【题解】

这篇文章是王守仁埋葬三个客死在外的异乡人以后作的一篇哀祭文。这三个异乡人，仅为了微薄的薪俸而万里奔走，最终暴死异乡。王守仁虽与他们素昧平生，但祭文的感情写得相当深切，王守仁通过对客死之人的悲叹，抒发了自己被贬异域的凄怆之情。

【原文】

维正德四年秋月三日，有吏目云自京来者，不知其名氏，携一子一仆，将之任，过龙场，投宿土苗家。予从篱落间望见之，阴雨昏黑，欲就问讯北来事，不果。明早，遣人觇之，已行矣。

薄午，有人自蜈蚣坡来，云：“一老人死坡下，傍两人哭之哀。”予曰：“此必吏目死矣。伤哉！”薄暮，复有人来云：“坡下死者二人，傍一人坐哭。”询其状，则其子又死矣。明日，复有人来云：“见坡下积尸三焉。”则其仆又死矣。呜呼伤哉！

念其暴骨无主，将二童子持畚[②]、锸[③]往瘗之，二童子有难色然。予曰："噫！吾与尔犹彼也！"二童闵然涕下，请往。就其傍山麓为三坎，埋之。又以只鸡、饭三盂，嗟吁涕洟而告之曰：

呜呼伤哉！繄何人？繄何人？吾龙场驿丞余姚王守仁也。吾与尔皆中土之产，吾不知尔郡邑，尔乌乎来为兹山之鬼乎？古者重去其乡，游宦不逾千里。吾以窜逐而来此，宜也。尔亦何辜乎？闻尔官吏目耳，俸不能五斗，尔率妻子躬耕可有也。胡为乎以五斗而易尔七尺之躯？又不足，而益以尔子与仆乎？呜呼伤哉！

尔诚恋兹五斗而来，则宜欣然就道，胡为乎吾昨望见尔容，蹙然盖不胜其忧者？夫冲冒霜露，扳援崖壁，行万峰之顶，饥渴劳顿，筋骨疲惫，而又瘴疠侵其外，忧郁攻其中，其能以无死乎？吾固知尔之必死，然不谓若是其速，又不谓尔子尔仆亦遽然奄忽也！皆尔自取，谓之何哉！吾念尔三骨之无依而来瘗耳，乃使吾有无穷之怆也。

呜呼伤哉！纵不尔瘗，幽崖之狐成群，阴壑之虺[④]如车轮，亦必能葬尔于腹，不致久暴尔。尔既已无知，然吾何能为心乎？自吾去父母乡国而来此，三年矣，历瘴毒而苟能自全，以吾未尝一日之戚戚也。今悲伤若此，是吾为尔者重，而自为者轻也。吾不宜复为尔悲矣。

吾为尔歌，尔听之。歌曰：连峰际天兮飞鸟不通。游子怀乡兮莫知西东。莫知西东兮维天则同，异域殊方兮环海之中。达观随寓兮莫必予宫，魂兮魂兮无悲以恫。

又歌以慰之曰：与尔皆乡土之离兮，蛮之人言语不相知兮。性命不可期，吾苟死于兹兮，率尔子仆，来从予兮。吾与尔遨以嬉兮，骖[⑤]紫彪而乘文螭[⑥]兮，登望故乡而嘘唏兮。吾苟获生归兮，尔子尔仆尚尔随兮，无以无侣悲兮！道傍之冢累累兮，多中土之流离兮，相与呼啸而徘徊兮。餐风饮露，无尔饥兮。朝友麋鹿，暮猿与栖兮。尔安尔居兮，无为厉于兹墟兮。

【注释】

①瘗（yì）：掩埋，埋葬。②畚（běn）：用草绳或竹篾编织成的盛物器具。③锸（chā）：铁锹。④虺（huǐ）：毒蛇。⑤骖（cān）：古代一车驾三马叫骖，这里指驾驭。⑥文螭（chī）：带条纹的无角龙。

【译文】

大明正德四年（1509年）秋季七月初三，有一名小吏从京城来到这里，不知姓什么叫什么。他身边带着一个儿子、一个仆人，将要上任。路过龙场，借宿在一户苗族人家。我从篱笆中间望见他，当时阴雨绵绵，天色昏黑。我想靠近他打听北方的状况，却没有实现。第二天早晨，我派人去探视，他已经走了。

将近中午，有人从蜈蚣坡那边来，说："有一个老人死在坡下，旁边两人哭得很伤心。"我说："这一定是小吏死了。可悲啊！"傍晚，又有人来说："坡下死了两个人，旁边一人坐着悲叹。"我问明他们的情状，知道他的儿子又死了。第二天，又有人来说："看到坡下堆了三具尸体。"那么，他的仆人又死了。唉，让人伤心啊！

一想到他们的尸骨暴露在荒野，没有人认领，我就带着两个童仆，拿着簸箕和铁锹，前去埋葬他们。两名童仆脸上流露出为难的神色。我说："唉，我和你们，本同他们是一样的啊。"两名童仆怜悯地淌下眼泪，要求一起去。于是我们在尸体旁边的山脚下挖了三个坑，把他们埋了。随即供上一只鸡、三碗饭作为祭奠，长叹着流着眼泪祷告说：

唉，可怜啊！你是什么人，什么人啊？我是此地龙场驿的驿丞、余姚人王守仁呀。我和你都生长在中原地区，我不知你的家乡是哪个郡县，你为什么要来这座山上做鬼魂啊？古人不会轻易离开故乡，外出做官也不超过千里。我是因流放而来到这里，理所应当。你又有什么罪过而非来不可呢？听说你的官职，仅是一个小小的吏目而已，俸禄不过五斗米，你领着老婆孩子种田就会有了。为什么竟用你的七尺身躯去换区区五斗米的俸禄？又为什么还觉得不够，再连累了你的儿子和仆人啊？哎呀，真是太悲伤了！

你来到这如果真是为了这五斗米，那就该欢欢喜喜地上路，为什么我昨天望见你皱着额头，面带愁容，似乎承受不起那深重的忧虑呢？你一路上常冒着雾气露水，攀缘峭壁悬崖，走过一座座山峰，饥渴劳累，身子骨疲惫，再加上瘴气侵蚀你的身体，忧郁腐蚀你的心灵，你难道能免于一死吗？我固然知道你必然会死，可是没有想到会这样快，更没有想到你的儿子、仆人也会这么快地死去啊。都是你自找的啊，还能说什么呢？我不过是怜悯你们三具尸骨无所归依才来埋葬罢了，却生出了无穷的感慨。

唉，悲痛啊！纵然我不葬你们，那幽暗的山崖上的狐狸成群，阴深山谷中粗如车轮的毒蛇，也一定能够把你们埋葬在肚子里，不致长久地暴露。你已经没有一点知觉，但我又怎能安心呢？自从我离开家乡来到此地已有三年了。我历尽瘴毒而能勉强保全自己的生命，主要是因为没有一天怀着忧伤悲戚的情绪啊。今天忽然这样悲伤，是我为你想得太多，而为自身想得太少啊。我不应该再为你悲伤了！

我来为你唱歌，你请听着。唱道：连绵的山峰高接云天啊，飞鸟不通。怀念家乡的游子啊，不知西东。不知西东啊，头顶的苍穹却一般相同。所在的地方纵然相隔遥远啊，都在四海的环绕之中。想开点可以四海为家啊，又何必守在那旧居一栋？魂魄啊，魂魄啊，不要悲伤，不要惊恐！

再唱一支歌来安慰你：我与你都是离乡背井的苦命人啊，蛮人的语言谁也听不懂，性命没法预兆。假使我也死在这地方啊，请带着你的儿子、仆人，来跟着我吧。我和你们一起游玩也能很快乐。驾驭着紫色虎啊，乘坐着五彩龙；登高望着故乡长长叹息啊，假如我能有幸生还。你的儿子和仆人啊，尚且跟随着你，不要因为没有伴侣而悲伤啊，道路旁边有很多枯冢，大都是由中原被流放到这里的人的，与他们一起呼啸，一起从容散步。吃着清风，喝着甘露，你不会觉得饥饿。早晨与麋鹿为友啊，到晚间再与猿猴住在一起。安心守分居墓中啊，可不要变成厉鬼到村村寨寨乱逞凶！

【作者简介】

王守仁（1472—1529），字伯安，号阳明，明代著名的思想家、文学家、哲学家和军事家。王守仁一生军功卓越，为文博大通达，在哲学方面更是提出了“知行合一”的心学理念，为后人所敬仰。

沧浪亭记

归有光

【题解】

沧浪亭原是五代广陵王钱元璙的池馆，到北宋时为诗人苏舜钦购得，苏舜钦临水筑亭，题为“沧浪亭”，园也因亭而得名。后来又屡易其主。本篇就是归有光应僧人文瑛之请而作。文章记述了沧浪亭的历代沿革、兴废，归有光感慨于自太伯、虞仲以来的遗迹荡然无存，钱镠等以权势购买或筑造的馆苑也成了陈迹，只有苏子美的沧浪亭能长留天地间，从中悟及了读书人能垂名千载的原因。

【原文】

浮图文瑛，居大云庵，环水，即苏子美[①]沧浪亭之地也。亟求余作《沧浪亭记》，曰：“昔子美之记，记亭之胜也，请子记吾所以为亭者。”

余曰：昔吴越有国时，广陵王镇吴中，治南园于子城之西南；其外戚孙承祐，亦治园于其偏。迨淮海纳土[②]，此园不废。苏子美始建沧浪亭，最后禅者居之。此沧浪亭为大云庵也。有庵以来二百年，文瑛寻古遗事，复子美之构于荒残灭没之余，此大云庵为沧浪亭也。

夫古今之变，朝市改易。尝登姑苏之台，望五湖之渺茫，群山之苍翠，太伯、虞仲之所建，阖闾、夫差之所争，子胥、种、蠡之所经营，今皆无有矣。庵与亭何为者哉？虽然，钱镠因乱攘窃，保有吴越，国富兵强，垂及四世。诸子姻戚，乘时奢僭，宫馆苑囿，极一时之盛。而子美之亭，乃为释子所钦重如此。可以见士之欲垂名于千载，不与澌然而俱尽者，则有在矣。

文瑛读书喜诗，与吾徒游，呼之为沧浪僧云。

【注释】

①苏子美：苏舜钦，字子美，北宋文人，始建沧浪亭。②淮海纳土：指吴越国主钱俶献其地于宋。

【译文】

文瑛和尚居住在大云庵，那里四面被流水围绕着，是从前苏子美写《沧浪亭记》的地方。文瑛曾多次请我写篇《沧浪亭记》，说："过去苏子美的《沧浪亭记》，是写亭子的美丽景色，您就替我讲述修复这个亭子的原因吧。"

我说：从前吴越建国时，广陵王镇守吴中，在内城西南修建了一座南园，他的外戚孙承佑，也在旁边修了座园子。到了吴越把这里献给大宋时，这座园子还没有荒废。最初苏子美在园中造了沧浪亭，最后和尚住进了这里，这是沧浪亭到大云庵的变化过程。有大云庵到现在已经二百年了，文瑛寻访了亭子的遗迹，又在废墟上按原样修复了沧浪亭。这是从大云庵到沧浪亭的变化过程。

历史变迁，朝代更替。我曾经登上姑苏台，远望烟波浩渺的五湖，苍翠的群山，那太伯、虞仲建立的国家，阖闾、夫差争夺的地方，子胥、文种、范蠡谋划的事业，如今都消逝了，大云庵和沧浪亭的兴废，又算得了什么呢？虽然这样，钱镠趁天下动乱，窃取大位，占有吴越，国家富庶，兵强马壮，传了四代。他的子孙亲属，也凭借权势大肆挥霍，广泛地修建宫馆园子，盛极一时。而苏子美的沧浪亭，却被和尚如此钦佩看重。可见士人能垂名千载，不与吴越一起迅速消失，是有原因的。

文瑛喜爱读书写诗，经常与我们一起交游，我们称他为沧浪僧。

【作者简介】

归有光（1506—1571），字熙甫，号震川，明代散文家。归有光与唐顺之、王慎中等人均推崇内容翔实、文字朴实的唐宋古文，并称为"嘉靖三大家"。归有光反对拟古，他的作品以散文为主，部分作品表现出对时政的不满以及对人民的同情。

徐文长传

袁宏道

【题解】

徐文长是明嘉靖至万历年间著名的文学艺术家。他一生潦倒，心中的磊落不平之气，一一写在了诗文中；他批判理学之伪，蔑弃礼法，作狂傲世，与“公安三袁”（指袁宏道及其兄袁宗道、其弟袁中道）的处世精神相通。因此袁宏道写下这篇《徐文长传》。全文从徐文长的诗文不得行于世写起，突出他怀才不遇、备受冷落的坎坷一生，同情景仰之情流注笔端，同时表达了袁宏道自己强烈的傲世疾俗精神。

【原文】

徐渭，字文长，为山阴诸生，声名籍甚。薛公蕙校越时，奇其才，有国士之目。然数奇[①]，屡试辄蹶[②]。中丞胡公宗宪闻之，客诸幕。文长每见，则葛衣乌巾，纵谈天下事；胡公大喜。是时公督数边兵，威镇东南；介胄之士，膝语蛇行[③]，不敢举头，而文长以部下一诸生傲之；议者方之刘真长、杜少陵云。会得白鹿属文长作表。表上，永陵喜。公以是益奇之，一切疏计，皆出其手。文长自负才略，好奇计，谈兵多中。视一世无可当意者；然竟不偶。

文长既已不得志于有司，遂乃放浪曲蘖[④]，恣情山水，走齐、鲁、燕、赵之地，穷览朔漠。其所见山奔海立，沙起云行，雨鸣树偃，幽谷大都，人物鱼鸟，一切可惊可愕之状，一一皆达之于诗。其胸中又有勃然不可磨灭之气，英雄失路、托足无门之悲；故其为诗，如嗔如笑，如水鸣峡，如种出土，如寡妇之夜哭、羁人之寒起。虽其体格时有卑者，然匠心独出，有王者气，非彼巾帼而事人者所敢望也。文有卓识，气沉而法严，不以摸拟损才，不以议论伤格，韩、曾之流亚[⑤]也。文长既雅不与时调合，当时所谓骚坛主盟者，文长皆叱而奴之，故其名不出于越，悲夫！

喜作书，笔意奔放如其诗，苍劲中姿媚跃出；欧阳公所谓"妖韶女，老自有余态"者也。间以其余，旁溢为花鸟，皆超逸有致。卒以疑杀其继室，下狱论死。张太史元汴力解，乃得出。晚年愤益深，佯狂益甚，显者至门，或拒不纳。时携钱至酒肆，呼下隶与饮；或自持斧击破其头，血流被面，头骨皆折，揉之有声；或以利锥锥其两耳，深入寸余，竟不得死。周望言晚岁诗文益奇，无刻本，集藏于家。余同年有官越者，托以钞录，今未至。余所见者，《徐文长集》《阙编》二种而已。然文长竟以不得志于时，抱愤而卒。

石公曰：先生数奇不已，遂为狂疾。狂疾不已，遂为囹圄[⑥]。古今文人牢骚困苦，未有若先生者也。虽然，胡公间世[⑦]豪杰，永陵英主，幕中礼数异等，是胡公知有先生矣。表上，人主悦，是人主知有先生矣。独身未贵耳。先生诗文崛起，一扫近代芜秽之习，百世而下，自有定论，胡为不遇哉？梅客生尝寄予书曰："文长吾老友，病奇于人，人奇于诗。"余谓文长无之而不奇者也。无之而不奇，斯无之而不奇也。悲夫！

【注释】

①数奇（jī）：命运坎坷。②辄蹶（jué）：总是失败。③滕

语蛇行：跪着说话，爬着走路，形容非常恭敬惶恐。④曲蘖（niè）：即酒母，酿酒的发酵物。本文指代酒。⑤韩、曾之流亚：韩，韩愈。曾，曾巩。流亚，相匹配的人物。⑥囹圄（líng yǔ）：监狱。这里指身陷牢狱。⑦间（jiàn）世：间隔几世。这里形容不常有的。

【译文】

徐渭，字文长，是山阴生员，名声很大，薛公蕙任浙江试官时，对他的才华感到惊奇，把他看成国士。可是他命运不顺，屡次应试屡次落榜。中丞胡宗宪听说后，把他聘为幕僚。文长每次参见胡公时，总是身穿葛布长衫，头戴乌巾，毫无顾忌，挥洒自如地谈论天下大事，胡公听了十分赞赏。当时胡公统领着几支军队，威镇东南沿海，部下的将士们在他面前，总是侧着身子慢慢走，跪下回答他的问话，不敢抬起头看。而文长只是其帐下一个生员，对胡公的态度却如此倨傲，喜欢议论的人把他比作刘真长、杜少陵一般的人物。正巧胡公猎了一头白鹿，认为是祥瑞的兆头，就嘱托文长写成贺表，表文上奏后，世宗皇帝十分满意。胡公因此更加器重文长，所有疏奏，都出自他的手。文长深信自己才智过人，喜欢出奇制胜，所谈论的用兵方略往往正中要害。他恃才傲物，觉得世间的事情没有能入他眼的，却总没有机会一展才华。

既然文长不得志，不被当权者看重，他就放浪形骸，纵情于美酒山水之间。他游历了山东河北，看尽了塞外大漠的景色。他所看到的像奔腾的马儿的山，像墙壁般耸立的海浪，漫天的沙尘和连绵千里的雷电，风雨交鸣的声音和奇异树木的形状，幽深冷清的山谷和繁华热闹的都市，以及奇人异士、怪鱼珍鸟，所有都是前所未见的。这些令人惊讶的自然和人文景观，都被他一个一个化入诗中。他胸中一直郁结着强烈的不平愤慨之气和英雄无用武之地的悲凉。他的诗有时怒骂，有时嬉笑，有时如山洪奔流在峡谷，发出轰雷般的涛声，有时如春芽破土，生机勃勃，有时他的诗像寡妇的夜哭声那般凄厉，有时像旅人冒着严寒起程那样无奈。虽然他的诗作格调也有卑下，但是独具匠心，有旷达的气象和超凡的气概。这是那种如同用美色侍奉人的女子一般媚俗的诗作难以追上的。徐文长在写文章上有真知灼见，他的文章气象沉着，法度精严，不因为守旧而抑制自己的才华和创造力，也不毫无节制地放纵议论，导致伤害文章的严谨构思，真是韩愈、曾巩一般的文人啊。徐文长志趣高雅，不与世俗同流，对当时所谓的文坛领袖，他一概愤怒地抨击，所以他的文字没人推崇，名气也只局限在家乡江浙一带，这真是让人为之悲哀！

文长喜好书法，他用笔奔放有如他的诗，苍劲豪迈中另具一种妩媚的姿态跃然纸上，欧阳修所说的美人迟暮别有韵味的说法，就可以用来形容文长的书法。文长在诗、文、书法修养之余，还熟习花鸟画，也都有逸趣和情致。

后来，文长因为猜疑而误杀他的继室，被捕入狱，定下死罪。幸亏太史张元汴极力营救，方才出狱。晚年的徐文长对世道更加愤懑不平，因此有意做出一种更为狂放的姿态。达官名士登门拜访，他经常拒绝不见，又经常带着钱到酒肆，招呼着下人仆隶同他一起喝酒。他曾拿斧头敲击自己的头，血流满面，头骨破碎，用手揉摩，碎裂的骨头会发出咔咔的声音。他还曾用尖利的锥子锥入自己双耳一寸多深，却竟然没死。周望声称文长的诗文到晚年愈加奇异，没有刻本行世，诗文集稿都藏在家中。我有同一年科举出身的朋友在浙江做官，曾委托他们抄录文长的诗文，至今没有得到。我所见到的，只有《徐文长集》《阙编》两种罢了。可是徐文长终因不合于时，不能施展抱负，带着对世道的愤懑而死去了。

石公说：徐文长先生的命运多艰，坎坷不断，致使他激愤成狂疾，狂病不断发作，又导致他被抓进监狱，从古至今文人的牢骚怨愤和遭受到的困难苦痛，再没有能超过徐文长先生的了。但尽管如此，仍有胡公这样不世出的豪杰、世宗这样英明的皇帝赏识他。徐文长在胡公帐下受到特殊的礼遇，这是胡公认识到了他的价值，他上奏的表文得到了皇帝的欢心，表明皇帝也认识到了他的价值，唯一缺少的，只是没能致身显贵而已。文长先生诗文的崛起，可以一扫近代文坛驳杂卑陋的风气，将来历史自会有公正的定论，又怎么能说他生不逢时，始终不被承认呢？梅客生曾经写信给我说：徐文长是我的老朋友，他的病比他这个人还要奇怪，而他这个奇人又比他的诗更奇怪。我则认为徐文长是一位无处不奇的人，正因为无处不奇，所以也就注定他一生命运坎坷。真是悲哀啊！

【作者简介】

袁宏道（1568—1610），字中郎，又字无学，号石公，又号六休，明代文学家。袁宏道与其兄袁宗道、弟袁中道并有才名，合称“公安三袁”。在文学上，他反对“文必秦汉，诗必盛唐”的风气，提出“独抒性灵，不拘格套”的性灵说。

五人墓碑记

张溥

【题解】

天启年间，阉党执政，朝政黑暗。地方官阿附魏忠贤，盘剥人民，激起市民强烈不满。天启六年（1626年），魏忠贤派缇骑到苏州逮捕东林党人周顺昌。苏州城乡数万人为周顺昌免遭逮捕而不期群集。市民颜佩韦、杨念如、沈扬、马杰、周文元等五人为周顺昌喊冤，跪乞至午不起。缇骑大打出手，颜佩韦等五人为保护当地群众，挺身而出，自系入狱。临刑时大义凛然，英勇就义。当地人士感五人之义，将他们合葬于虎丘之侧，题称“五人之墓”。本篇就是复社领导成员张溥为纪念他们而作的。

【原文】

五人者，盖当蓼洲周公[①]之被逮，激于义而死焉者也。至于今，郡之贤士大夫请于当道，即除魏阉废祠之址以葬之；且立石于其墓之门，以旌[②]其所为。呜呼，亦盛矣哉！

夫五人之死，去今之墓而葬焉，其为时止十有一月耳。夫十有一月之中，凡富贵之子，慷慨得志之徒，其疾病而死，死而湮没不足道者，亦已众矣；况草野之无闻者欤？独五人之皦皦[③]，何也？

予犹记周公之被逮，在丁卯三月之望。吾社之行为士先者，为之声义，敛资财以送其行，哭声震动天地。缇骑[④]按剑而前，问：“谁为哀者？”众不能堪，抶而仆之[⑤]。是时以大中丞抚吴者，为魏之私人，周公之逮所由使也；吴之民方痛心焉，于是乘其厉声以呵，则噪而相逐。中丞匿于溷藩[⑥]以免。既而以吴民之乱请于朝，按诛五人，曰：颜佩韦、杨念如、马杰、沈扬、周文元，即今之傫然[⑦]在墓者也。

然五人之当刑也，意气扬扬，呼中丞之名而詈[⑧]之，谈笑以死。断头置城上，颜色不少变。有贤士大夫发五十金，买五人之脰而函之，卒与尸合。故今之墓中全乎为五人也。

嗟夫！大阉之乱，缙绅而能不易其志者，四海之大，有几人欤？而五人生于编伍之间，素不闻《诗》《书》之训，激昂大义，蹈死不顾，亦曷故哉？且矫诏纷出，钩党之捕，遍于天下，卒以吾郡之发愤一击，不敢复有株治；大阉亦逡巡[⑨]畏义，非常之谋难于猝发，待圣人之出，而投缳道路，不可谓非五人之力也。

由是观之，则今之高爵显位，一旦抵罪，或脱身以逃，不能容于远近，而又有剪发，佯狂不知所之者，其辱人贱行，视五人之死，轻重固何如哉？是以蓼洲周公忠义暴于朝廷，赠谥美显，荣于身后；而五人亦得以加其土封，列其姓名于大堤之上，凡四方之士无有不过而拜且泣者，斯固百世之遇也。不然，令五人者保其首领，以老于户牖[⑩]之下，则尽其天年，人皆得以隶使之，安能屈豪杰之流，扼腕墓道，发其志士之悲哉？故予与同社诸君子，哀斯墓之徒有其石也，而为之记，亦以明死生之大，匹夫之有重于社稷也。

贤士大夫者，冏卿因之吴公，太史文起文公、孟长姚公也。

【注释】

①蓼（liǎo）洲周公：周顺昌，字景文，号蓼洲，万历年间

进士，曾任福州推官、吏部主事、文选员外郎等职，因不满朝政，辞职归家。东林党人魏大中被逮，途经吴县时，周顺昌不避株连，曾招待过他。后周顺昌被捕遇害。崇祯年间，谥忠介。②旌（jīng）：表扬，赞扬。③皦（jiǎo）皦：光洁，明亮。这里指显赫。④缇骑（tí jì）：身着橘红色服装的朝廷护卫马队。明清时期逮捕犯人也用缇骑，故后世用以称捕役。⑤抶（chì）而仆之：将其打倒在地。抶，击。⑥匿于溷（hùn）藩：藏在厕所。溷，厕所。藩，篱，墙。⑦傫（léi）然：聚集的样子。⑧詈（lì）：骂。⑨逡（qūn）巡：迟疑不决的样子。⑩户牖（yǒu）：指家里。户，门。牖，窗。

【译文】

五个人，就是当周蓼洲先生被捕的时候，为义气而死于这件事的。到了现在，本郡有名声的士大夫们向官府请求，清理已被废除的魏忠贤生祠旧址来安葬他们；并且在他们的坟墓前立碑，彰显他们的事迹。啊，也算是盛大的事情呀！

这五人的死，离现在修墓安葬，只不过才十一个月罢了。在这期间，但凡富人家的子弟，或是意气风发、志得意满的人，或因疾病死去的人，或是死后埋没不值得称道的人，也太多了；何况是乡间没有名声的人呢？唯独这五个人名声显赫，为什么呢？

我仍然记得周公被捕的日子，那是在丙卯年农历三月十五。我们社里那些德行可以作为士人榜样的人，为他伸张正义，替他募集资金，送他起程，哭声震动天地。缇骑按剑上前，问："谁敢悲伤？"大家不能忍耐了，把他们打倒在地。当时巡抚吴地的大中丞是魏忠贤的心腹，周公被捕就是由他主使的；苏州的老百姓正痛恨他，因此趁着他声色俱厉地喝骂时，就一齐叫嚷着追赶他。大中丞躲在厕所里才幸免于难。不久，他以苏州百姓暴乱的罪名向朝廷报告，追查并诛杀五个人，他们是颜佩韦、杨念如、马杰、沈扬、周文元，就是现在埋葬在墓中的这五个人。

然而，五个人临刑的时候，意气昂扬，呼喝着中丞的名字斥骂他，谈笑自若地死去了。斩下的头放在城上，脸上的神色一点不曾改变。一位有名望的人拿出五十金，买下五个人的头并用棺材收敛，最终与尸体合葬。所以现在墓里是完整的五个人。

唉！大宦官作乱时，能够不改变自己气节的士大夫，在广阔的天下，能有几人呢？这五个人生于民间，从来没受过《诗》《书》的教诲，却能为大义所激昂，义无反顾地奔赴死地，这又是什么原因呢？况且当时假托的皇帝诏书纷纷传出，追捕东林党的人遍布天下，终于因为我们郡百姓的发愤抗击，阉党不敢再将我们株连治罪；大宦官因畏惧正义而迟疑不决，篡位的阴谋难以爆发；到了当今圣上继位，魏忠贤在路上畏罪自缢，不能不说是这五个人出的力啊。

由此看来，现在这些高官显贵，一旦因犯罪受到相应的惩罚，有的人脱身逃走，不能被远近的百姓接纳；也有的剪下头发关上门，假装疯狂不知逃到哪里的。他们那可耻的品格、卑贱的德行，比起这五个人的死来，轻重的差别到底有多大呢？因此周蓼洲先生的忠义在朝廷彰显，赠给他的谥号美好而光荣，他在死后享受到了荣耀。而这五个人的坟墓也能被修缮，在大堤之上刻下他们的姓名，但凡是四方有志气的人经过这里，没有不跪拜哭泣的，这实在是百代难得的机遇啊。不这样的话，假如这五个人保全性命，在屋子里一直生活到老，尽享天年，人人都能够像对待奴仆一样使唤他们，又怎么能使豪杰们躬身下拜，在墓道上扼腕叹息，抒发

他们的志士悲慨呢？所以我和我们同社的诸位君子，为这墓前只有一块石碑可惜，就为它写了这篇碑记，来说明生死意义的重大，即使是一介平民对国家也有重大意义啊。

几位有名望的士大夫是：太仆卿吴因之先生，太史文文起先生，姚孟长先生。

【作者简介】

张溥（1602—1641），明代文学家。他自幼发愤读书，明史上记有他“七录七焚”的佳话。与同乡张采齐名，合称“娄东二张”。张溥曾与郡中名士结成复社，评议时政，是东林党与阉党斗争的延续。在文学方面，他推崇“前后七子”（以李梦阳、王世贞等为领袖的十四人，包括“前七子”“后七子”，提出“文必秦汉，诗必盛唐”的口号），主张复古，又提出“务为有用”的观点。张溥著作颇丰，编述三千余卷，涉及文、史、经学各个学科，著作有《七录斋集》。